Percorsi Napoletani

*Passeggiate tra storia, attualità
e aneddoti, con guida al seguito,
sul palcoscenico turistico
della città di Napoli*

Raffaele De Maio

In copertina: "Allegoria di *Parthenope* stretta tra il rapace e il parassita"
(olio su tela cm 120 x 80 dell'autore)

Nota dell'autore

Questo è un libretto con il quale ho voluto richiamare alla memoria il famoso "Libretto dell'opera" che veniva venduto all'ingresso del teatro, quando si andava ad uno spettacolo lirico.

Una guida, quindi, allo svolgimento di uno spettacolo offerto, per l'occasione, da alcuni percorsi cittadini, dalle chiese lungo gli itinerari proposti e dalle dinastie regnanti a Napoli nel corso dei secoli. Il tutto è commentato da un'antica figura partenopea di strillone ambulante chiamata in vernacolo *"o' Pazzariello"*, il quale in veste di guida "abusiva" conduce un gruppo di turisti in visita per la città, richiamandone lungo il percorso storia, attualità e aneddoti.

Lo "spettacolo" a più scene può essere goduto a seconda della scelta, o dal vivo passeggiando per alcune strade di Napoli con libretto e cartine accluse guidati dal *pazzariello* o, come a teatro, comodamente seduti sulla poltrona di casa, in compagnia della sua voce narrante. Alla fine del programma, per chi ne ha voglia, il libretto può essere inoltre utilizzato per una "sbirciatina" al museo dell'Opera dove la visione di alcuni "quadri" passa in rassegna dinastie regnanti e personaggi illustri che nel corso dei secoli si sono *esibiti* sul palcoscenico napoletano.

Ed ora non resta che staccare il biglietto per guardare e "annusare" l'odore della città, così come una volta nei vicoli di Napoli, la domenica; i passanti annusavano l'odore del ragù alla napoletana proveniente dai balconi o dai bassi di quartiere.

A tutti coloro che sceglieranno questo *libretto* come compagno di viaggio lungo alcune strade di Napoli i migliori auguri di una felice giornata nella città *'e Pulicenella.*

Prefazione

Vi sono luoghi dotati di un fascino particolare, luoghi che, apparentemente, vivono una vita propria, come Gerusalemme, Roma, New York. Napoli è stata - ed è di diritto - una delle grandi capitali europee, una città unica al mondo per cultura, costume, storia, tradizioni. In quest'ottica, a mio avviso, si orientano le "passeggiate" che De Maio ci propone: un viaggio nel tempo e nella cultura della città, per svelarci migliaia di piccoli segreti celati dalle mura antiche. Drammi e commedie di questa coloratissima metropoli si sviluppano lungo il percorso della "passeggiata", con frequenti riferimenti storici e artistici. La prosa dell'autore rivela indiscutibilmente il proprio amore per Napoli ed i suoi abitanti ed è così che stereotipi tipicamente partenopei - il pazzariello, il caffè, la pizza - perdono il carattere dozzinale che mostrano quando raccontati da estranei, per assumere di diritto il valore di icone, di certezze quasi religiose. D'altra parte, è veramente difficile raccontare questa città dalle molteplici contraddizioni senza cadere nell'ovvio, perché Napoli è luogo di cultura e di degrado, di arte e di abbandono, di eroismo e malaffare, di scienza e di ignoranza, di nobiltà e povertà. De Maio ci riesce, proprio grazie alla "passione" antica che lo anima, facendo della sua città allegoria del mondo, dei suoi contrasti, microcosmo di umanità universale. Ciò che di questo libro maggiormente affascina è la molteplicità di stilemi che, sovrapponendosi, permettono una fruizione a più livelli del suo contenuto. Esso è visto come "libretto" di una rappresentazione teatrale e come tale può essere fruito al pari di un'opera narrativa, per percorrere le strade e la storia della città senza spostarsi dalla poltrona. Ma è anche una guida vera, per passeggiate da sperimentare nella pratica, da parte del turista o del cittadino curioso ed intraprendente, per essere accompagnati in continue scoperte meravigliose. È, infine, una trattazione della storia e delle tradizioni della città, che potrà risolvere molti dubbi sulle nobili origini e sulle successioni che si sono alternate nei secoli passati. La novità editoriale è rappresentata da un testo che, conducendoci per le vie di una città, ne svela la storia antica e moderna, così che il termine della passeggiata corrisponda alla conclusione del racconto. Molto più di un libro, dunque: una pila di informazioni disposte su più dimensioni narrative che tentano di legare in un racconto organico i vari pezzi e l'anima di una città millenaria. Tutto ciò rappresenta, come suddetto, una interessante novità editoriale. Il "libretto" è impreziosito da una piacevole iconografia, che si basa in gran parte su opere pittoriche dello stesso autore. Infatti De Maio nasce come pittore autodidatta più che artista di penna. Forse è per questo che riesce a disegnare tanto bene, con poche pennellate, scene del presente e del passato, portandoci dentro le vie che, per una magia dello spaziotempo, prendono a ripercorrere improvvisamente a ritroso il cammino delle ombre e delle passioni che le hanno rese vive nei secoli. Nel complesso, dunque, un inno a Parthenope ma anche un'opera di spicciola utilità ed una avvincente opera narrativa. Mi sono divertito a leggerlo e, devo confessare, ho fatto piccole, grandi scoperte sulla mia città che mi rendono fiero di esserne parte. Spero che questa trattazione possa risultare altrettanto utile ad occasionali spettatori, curiosi, turisti e semplici cittadini in cerca di emozioni ed evasioni. Spero altresì che, prima o poi, il "libretto" possa essere portato in scena, perché... "*Napul'è*" tutto un teatro e la rappresentazione della sua storia, attraverso le sue vie, potrà certo appassionare spettatori paganti, così come continua a farlo, non vi è dubbio, con gli spettatori involontari che ogni giorno incontrano pazzarielli ed inebrianti aromi partenopei nel corso di casuali "passeggiate" nella metropoli che fu di Virgilio, Masaniello, Leopardi...

Pulcinella e tanti altri illustri personaggi!

Valerio Zupo

Il golfo di Pulcinella
Olio su tela, opera dell'autore
cm 50x70

PROGRAMMA

PROLOGO

PRIMO ATTO

SCENA I: Da piazza Plebiscito a Castel dell'Ovo con sosta a Megaride

PERCORSO: Da piazza Plebiscito prosieguo per via C. Console - Via S. Lucia - Castel dell'Ovo

SCENA II: Da Castel dell'Ovo alla Villa Comunale

PERCORSO: Da Castel dell'Ovo prosieguo per via Partenope-Piazza Vittoria-Villa Comunale

INTERMEZZO: sosta in villa con notizie storico-scientifiche sull'istituto Anton Dohrn e ritorno in piazza Vittoria

SCENA III: Da piazza Vittoria a Piazza Garibaldi (stazione centrale)

PERCORSO IN BUS O TRAM: Da piazza Vittoria prosieguo lungo la galleria della Vittoria-via Colombo-Via Nuova Marina-Corso-Piazza Garibaldi

SCENA IV: Da piazza Garibaldi a Castel Vecchio con sosta presso il castello

PERCORSO: Da piazza Garibaldi prosieguo per via A. Poerio - piazza E. De Nicola- porta Capuana-via Pietro Colletta-Castel Vecchio

SCENA V: Da Castel Vecchio a piazza Bellini con sosta nella piazza

PERCORSO: da Castel vecchio prosieguo per un primo tratto di via Tribunali-via Duomo (cattedrale)- piazza Crocella ai Mannesi-via S. Biagio dei Librai-via San Gregorio Armeno-piazza San Gaetano-secondo tratto via Tribunali-piazza Miraglia-via San Pietro a Majella-Piazza Bellini
Le botteghe d'arte presepiale
Via San Gregorio Armeno

SCENA VI: Da piazza Bellini a Santa Maria la Nova con sosta presso il chiostro dell'ex convento.

PERCORSO: da piazza Bellini ritorno in via San Pietro a Majeilla e piazza Miraglia, prosieguo per vico San Domenico Maggiore (in zona la cappella San Severo)-piazza S.Domenico Maggiore-piazzetta Nilo-via Benedetto Croce-piazza del Gesù-via Monteoliveto-S.Maria la Nova

SCENA VII: Da S. Maria la Nova a piazza Plebiscito con sosta in piazza Castel Nuovo (Maschio Angioino).

PERCORSO: Da S. Maria la Nova prosieguo per Via Medina-piazza Municipio-Castel Nuovo- Via Vittorio Emanuele- Via S. Carlo-Piazza S. Ferdinando-Piazza Plebiscito.

Nota:

I riferimenti alle chiese, delle quali si fa menzione durante le passeggiate, recano tra parentesi un numero che viene richiamato lungo lo svolgimento del secondo atto per chi abbia voglia di maggiori notizie e approfondimenti sulla loro genesi storico-artistica. Pertanto, per contenere in tempi ristretti lo spettacolo, gli edifici religiosi che si incontreranno lungo i percorsi nel primo atto non saranno oggetto di visita.

Intervallo

Pausa di ristoro con degustazione di bevande tipiche
di Napoli e della Campania

SECONDO ATTO

Rassegna delle chiese incontrate lungo le passeggiate con approfondimenti storico-artistici su di esse.

I PERCORSO:

    1) S. Francesco Di Paola

    2) S. Lucia a mare

    3) S. Maria della catena

II PERCORSO:

    (San Pasquale a Chiaia e la chiesa di Piedigrotta - fuori percorso)

III PERCORSO:

    4) S. Maria della Vittoria

    5) S. Maria di Porto Salvo (*lungo tratto in bus*)

    6) S. Eligio Maggiore (*lungo tratto in bus*)

    7) S. Maria del Carmine (*lungo tratto in bus*)

IV PERCORSO:

    8) L'Annunziata

    9) Santa Caterina a Formiello

    10) S. Giovanni a Carbonara (*fuori percorso*)

V PERCORSO:

    11) Duomo cappella S. Restituta - cappella S. Gennaro

    12) Complesso dei Gerolamini

    13) San Gennaro all'Olmo

    14) San Gregorio Armeno

    15) San Lorenzo Maggiore

    16) San Paolo Maggiore

17) Santa Maria delle anime al Purgatorio
18) Basilica di Santa Maria Maggiore
    detta della Pietra Santa
19) Croce di Lucca
20) S. Pietro a Majella
21) S. Antonio delle monache

VI PERCORSO:

22) Cappella S. Severo

23) S. Domenico Maggiore

24) S. Angelo a Nilo

25) Santa Chiara

26) Gesù Nuovo

27) S. Anna dei Lombardi

28) Santa Maria la Nova

29) Palazzo Penna e Basilica di S. Giovanni Maggiore
(*fuori percorso*)

VII PERCORSO:

30) S. Diego dell'Ospedaletto

31) S. Giorgio dei Genovesi

32) Pietà dei Turchini

33) Incoronata

34) S. Giacomo degli Spagnoli

35) S. Ferdinando

FUORI PROGRAMMA

Il decumano superiore e le chiese lungo le sue strade
(*fuori percorso*)

MUSEO DELL'OPERA

Cronologia storica di Napoli
Breve rassegna delle dinastie regnanti a Napoli
Elenco dei musei di Napoli e di alcuni significativi personaggi ed artisti
che hanno operato in vari secoli in città.

NOTIZIE SULLA FIGURA DEL PAZZARIELLO NAPOLETANO

Il pazzariello napoletano, qui di seguito presentato in una foto di A. Mauri del 1860-1880, accompagnato da una piccola banda con pifferi e tamburi mentre esegue "la sparata", che possiamo assimilare oggi ad uno spot pubblicitario di richiamo verbale lungo le strade per reclamizzare la bontà dei prodotti di un negozio che, per l'occorrenza, assoldava 'o pazzariello.

Foto del Pazzariello di A.Mauri (1860-1880)

Lo spot era annunciato da un forte richiamo di tamburi, cui seguiva la sparata pubblicitaria che in genere, a voce alta, 'o Pazzariello recitava così:

"Attenziò! Battagliò! È asciuto pazzo 'o padrone! Tene....

(Attenzione! Battaglione! È impazzito il padrone, ha... (qui seguiva un elenco dei prodotti del negozio e del prezzo a buon mercato delle merci reclamizzate).

Gli abiti del Pazzariello erano generalmente refusi di vecchie divise militari fuori corso, il cui intento stava nel dare tono e autorità alla rappresentazione dello spot. Una magistrale interpretazione di questa tipica figura partenopea operante a Napoli fino agli anni '60 resta quella fatta dal famoso attore e poeta napoletano Antonio De Curtis (in arte Totò) nel film L'oro di Napoli del 1954 diretto da Vittorio De Sica.

PROLOGO

In qualità di regista e voce narrante della rappresentazione che tra poco inizierà, do subito una notizia: Napoli è tra i primi posti in Italia per numero di teatri.

Se ne contano ben 31 di cui il lirico di San Carlo (1737) resta la massima espressione per magnificenza dell'ambiente e per quanto ha rappresentato e rappresenta nella storia della musica classica ed operistica.

Oggi, comunque, sono in un teatro qualsiasi di quei trentuno dove tra poco si alzerà il sipario su alcune strade, edifici, fatti e personaggi della città.

La trama è semplice: una passeggiata lungo alcune strade con qualche pausa di ristoro e curiosità. I protagonisti della rappresentazione sono: Napoli, una guida turistica particolare e un gruppo misto di turisti curiosi di napoletanità.

La speranza è che avanzando lungo il percorso scelto, tra edifici e luoghi simbolo, siano la città e la sua storia a venirci incontro e non noi a doverle cercare con sforzo. Ora, però, prima che si alzi il sipario, vado sul palcoscenico per una doverosa introduzione:

"Dell'ultra millenaria città di Napoli e del suo variegato popolo, antico e moderno, si è scritto e detto… quasi tutto! Il "quasi", nell'occasione, è d'obbligo perché sta ad indicare ciò che di antica cronaca i recenti scavi della nuova metropolitana di Napoli, con le sue stazioni d'arte firmate da architetti ed artisti di fama mondiale, stanno riportando alla luce; nonché quant'altro di sepolto il suo martoriato suolo di terreno stratificato nei secoli riporterà in superficie nei tempi a venire.

Stando così le cose, parlare oggi di questa città metropolitana che si estende con le sue "squame" dalle falde del Vesuvio fino alle porte di Pozzuoli in un continuo di abitazioni, officine, capannoni, fabbriche, uffici, negozi, centri commerciali, discariche abusive etc., etc., è un'impresa impossibile; anche perché la sua abbondanza di leggende, di fatti, di personaggi, profusa a piene mani dall'alto su un paesaggio così vasto, dolce e infernale, frastorna il turista e disperde in mille rivoli l'organicità e la bellezza della sua storia. Pertanto, volendo per amore e per età… comunque ricordarla, ho pensato di affidare un suo breve excursus alla voce narrante do' **Pazzariello**, un'antica figura di strillone risalente nella notte dei tempi, che fino agli anni '60 del secolo scorso si guadagnava da vivere con la "Sparata", annunciando al popolo con vocabolario ristretto e linguaggio semiserio in dialetto e in italiano, l'apertura e i prodotti di nuovi esercizi commerciali, in antitesi ai tanti sofisticati o lascivi spot pubblicitari di oggi, che in televisione ci assalgono ad ogni intervallo di programma.

… Ed è proprio alla modesta figura di questo pittoresco strillone, così caratteristica, a mio parere, del palcoscenico di vita napoletana, che affido alcune note semiserie sul percorso turistico che tra poco faremo.

Tuttavia, per più dotti e circostanziati approfondimenti dei fatti e dei personaggi che verranno menzionati, non c'è che l'imbarazzo della scelta: pochi veloci click in internet, o il gusto cartaceo delle infinite pagine dei tanti illustri ed autorevoli autori che nel corso dei secoli hanno dissertato, cantata, amata, e odiata… questa metropoli.

Infine, per una città di circa 2700 anni, piena di miti e leggende come Napoli, mi sia permesso di chiudere con una citazione attribuita a S. Agostino e riportata dallo storico della scienza Emanuele Coco nel suo libro "Il circo elettrico delle sirene" che dice:

"NON CHIEDETEVI SE QUESTE COSE SONO VERE.
CHIEDETEVI COSA SIGNIFICANO"

Ed ora si spengano le luci e si vada a cominciare….

Teatro di San Carlo

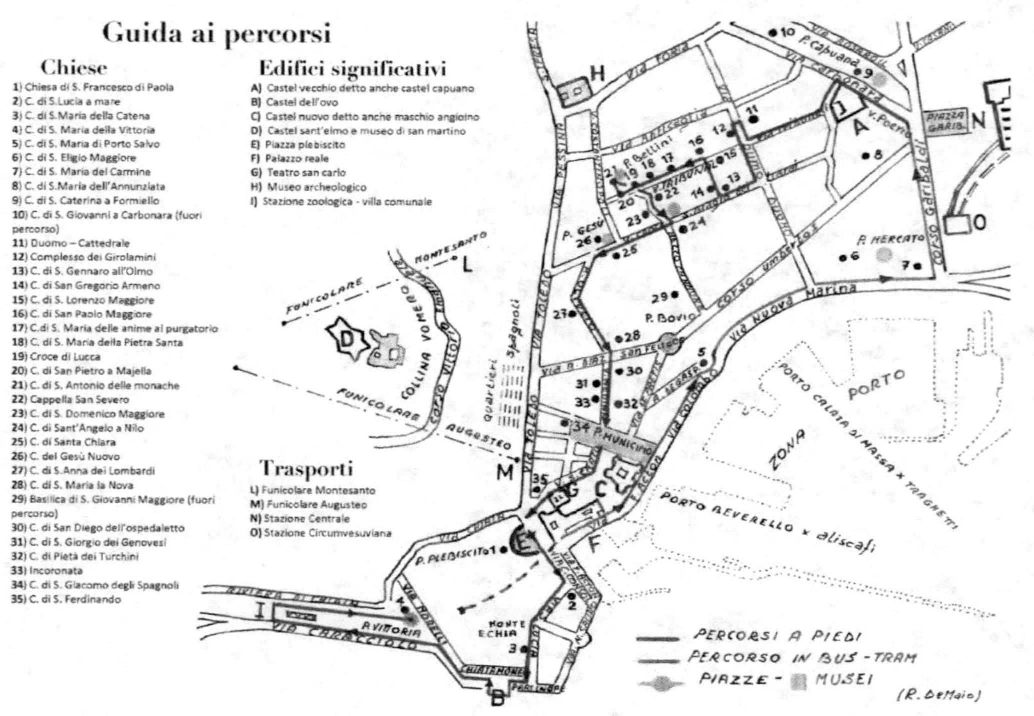

*Pianta cittadina dei percorsi descritti in questo volume.
Elaborazione grafica dell'autore.*

PRIMO ATTO

Passeggiate lungo alcuni percorsi della città

Scena I

*Da piazza Plebiscito
a Castel dell'Ovo
con sosta a Megaride*

S'alza il sipario e sul palcoscenico della narrazione appare il Pazzariello che ci condurrà lungo alcuni percorsi cittadini di sua scelta.

- Salve! Mi chiamo Virgiliano e sono qui per servirvi. Ho una certa età e a Napoli, nella città comunemente conosciuta come quella dei mille mestieri, mi arrangio con un secondo lavoro: accompagno gli amici, si fa per dire, in giro per le strade ed i vicoli dei quartieri. Naturalmente niente di serio e ufficiale, solo alcune passeggiate secondo un mio personale itinerario. In proposito, per serietà "professionale", mi corre l'obbligo di avvertirvi subito che i percorsi scelti prevedono alcuni tratti a piedi con relative pause di soste e ristoro più un tratto in bus pubblico. Lungo gli itinerari, le numerose chiese che incontreremo non saranno oggetto di visita, tenuto conto che per visitarle e goderne degli interni ci vorrebbero vari giorni. Pertanto, durante il cammino, mi limiterò ad una loro sommaria descrizione rimandandovi al secondo atto della rappresentazione per maggiori notizie su di esse, per una loro eventuale visita successiva. Lo stesso dicasi del decumano superiore della città antica, riportato nel fuori programma.

Come vi ho detto, il mio nome d'arte è Virgiliano, mi fingo una guida e mi vesto comm'a nu' pazzariello, un po' alla Totò, con tanto di amuleti sulla marsina contro il malocchio e *nu' curniciello russo n'copp all'asta do' manico e n'umbrell*. Quando mi metto in cammino e alzo l'ombrello sembra che *o' cuorn se mett'a sunà comm'a nu' flauto magico*. La gente mi riconosce e mi viene dietro.

Così, dopo parecchi anni di questa vita, mi sono tanto impregnato di napoletanità che ora a chi mi chiede che è sta' città, io *ampress' ampress'* con linguaggio magniloquente gli rispondo:

Napoli è uno scrigno di pietre antiche con un coperchio in legno di varie epoche, su cui un autore ignoto ha dipinto il più bel golfo *e' chesta terra*.

Quando si alza il coperchio si sente un coro di voci e musica immortale e dentro il cofanetto tutti i ninnoli stipati e le cose care dei ricordi, compresa la mia storia millenaria di napoletano, si muovono e si mettono a parlà.

Sono del quartiere di San Ferdinando e mi faccio pubblicità con il porta a porta. Stamattina ho preso impegno per una passeggiata con un gruppo davanti al famoso bar di Napoli: **Il Gambrinus**, dove alla fine dell'800, al tempo della Belle Epoque, si riunivano musicisti e celebri poeti, che qui composero alcune delle melodie più belle della canzone napoletana. Oggi questo bar, che si affaccia su piazza del Plebiscito (una delle più grandi d'Italia) di fronte Palazzo Reale e a pochi passi dal Teatro S. Carlo e dalla galleria Umberto I, è meta costante di turisti, che lo visitano oltre che per la storia e la bellezza artistica degli interni, soprattutto per ciò che di meglio, assieme alla famosa pizza margherita, Napoli offre al palato: " *a tazzulella e'cafè e a sfugliatella cavera*".

Nei pressi di questo bar, altri colleghi, più famosi di me, da alcuni anni danno appuntamento ai turisti per una visita guidata nel sottosuolo della città nella zona dei quartieri spagnoli, dove durante la seconda guerra mondiale molti napoletani si rifugiavano per scampare ai bombardamenti.

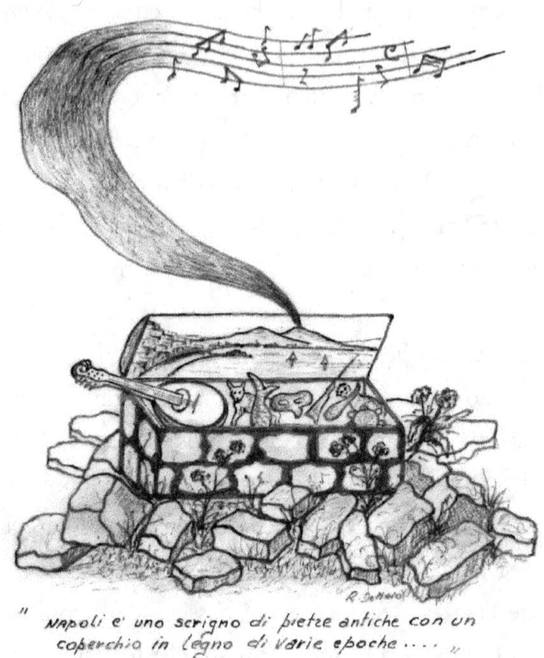

"Lo scrigno", schizzo a china dell'autore
cm 25 x 15

In questo ambiente di gallerie tufacee, tra le tante scritte sulle pareti con date e nome dei rifugiati c'è un anfratto con tendina retrattile, che la proverbiale generosità napoletana degli occupanti mise a disposizione per la prima notte d'amore di una coppia di sposi durante i bombardamenti. Mentre in superficie un inferno di bombe devastava la città, nel sottosuolo, pur nella sciagura, la vita continuava.

Io, rispetto ai miei colleghi, sono all'antica e seguo percorsi ad itinerari sovrapposti, per i quali è d'obbligo munirsi di una sediolina pieghevole a seguito *pecchè 'o fatt è luong* e… i piedi si stancano.

A riguardo mi sono così organizzato:

Tengo un aiutante laureato disoccupato (uno dei tanti…) che collabora all'impresa: Gennarino. Dentro un carrello metallico di supermercato, acquistato di recente, mette una quindicina di sedioline pieghevoli in alluminio, una scorta di bottigliette d'acqua e una confezione di cerotti per i calli. Quando il gruppo si muove, il carrello con l'autista ci segue *comm 'o furgone da' croce Rossa*, pronto ad intervenire ad ogni emergenza.

Costo di affitto della sediolina a seguito 50 centesimi; acqua e cerotti gratis a carico della ditta **'O Pazzariell e compagni**. A riguardo, cari miei, mi son dovuto modernizzare.

Di questi tempi la gente si stufa presto di camminare, è abituata alle comodità delle gite organizzate: aereo e bus con aria condizionata, Hotel di lusso a quattro stelle, colazione e cena in albergo, guida trilingue per percorsi prestabiliti, shopping e foto finale di gruppo. Tre giorni, due notti e tutto finisce!

Poi al ritorno a casa il nipotino tecnologico di turno scarica dalla macchina digitale fotografie "a chili", che subito mette in rete per parenti ed amici, anche quando non richieste. Tutti le guardano e dicono: "È stato bellissimo!". Ma che cosa hanno visto e capito… *Dio solo o' sape*!!!

Ma tornando a noi, oggi come già vi ho detto, tengo appuntamento con un gruppo misto di turisti: quattro amici nordisti, tre *guagliune e nu'* liceo pugliese e cinque amabili concittadini ancora… ignari dei tesori che lo scrigno nasconde. Mi stanno aspettando già da un po', per cui è ora che li incontri:

Buon giorno a tutti! Il mio nome d'arte è Virgiliano e sono qui per guidarvi. Quando alzo l'ombrello guardate la punta rossa del corno scacciamalocchio e venitemi dietro.

ALT! Fermi… fatemi controllare: uno, due, tre, quattro… va bene, possiamo andare. Ho visto che avete prenotato al mio assistente tutte le sedioline: perciò *facimmc 'a croce e partimm*.

Oggi è una giornata di sole e **Piazza Plebiscito** è libera da ingombri momentanei.

Nell'ultimo dopoguerra, per molti anni, questa piazza divenne il più grande parcheggio a cielo aperto di Napoli. Vi stanziavano bus di varie linee urbane, taxi ufficiali e clandestini, macchine private con permessi veri o *"appezzottati"* e ibridi a due ruote di vario genere. Il tutto perfettamente governato dal nuovo re della piazza: il posteggiatore abusivo, il quale in cambio di pochi spiccioli vegliava e dispensava titoli accademici gratis ai conducenti mentre facevano manovre di parcheggio: "Venga avanti dottò.. Alt! Un po' più a sinistra… Stoop! Grazie dottò".

Questa "tradizione" di sostentamento familiare "con regia occulta" continua ancora oggi per il limitato numero di parcheggi che la città offre. Da alcuni anni però piazza Plebiscito è finalmente tornata ad essere il salotto buono della città ed oggi è spesso sede di raduni megagalattici e manifestazioni varie di grande attrazione, così come lo era ai tempi delle ultime dinastie regnanti a Napoli.

Mentre ci avviamo verso la zona di Santa Lucia guidati dall'asta *do' mbrello* con il corno alla punta a modo di stella cometa, accenno brevemente qualcosa sugli edifici intorno alla piazza.

Piazza Plebiscito in una cartolina di principio '900 con l'arredo urbano di una fontana successivamente rimossa e la chiesa di San Francesco di Paola.

Facciata di Palazzo Reale con le statue dei vari regnanti succedutisi nei secoli sul regno di Napoli e sul Mezzogiorno d'Italia.

A sinistra del nostro senso di marcia c'è **Palazzo Reale** che nelle otto nicchie della facciata presenta otto re che in sequenza temporale con le loro dinastie hanno regnato su Napoli e sul Meridione d'Italia, da Ruggero II il normanno, fino a Vittorio Emanuele II con la spada sguainata. A riguardo, metto subito in evidenza, per onestà storica, un "grosso difetto" che a mio avviso presenta la facciata, cioè la mancanza, prima del loculo del Normanno, di un importante nicchia di dimenticato orgoglio napoletano, in cui collocare un degno rappresentante del Ducato Autonomo di Napoli. Questo periodo di governo della città, che subentrò alle invasioni barbariche e al protettorato bizantino del Sacro Romano Impero d'Oriente, prende il nome di età ducale. Durò circa quattro secoli, dal 661 al 1137 d.C. e vide Napoli amministrata da uomini della nobiltà partenopea di forte spessore politico che venivano chiamati Duchi per la loro funzione amministrativa e di difesa bellica della città. Le cronache ne contano in successione temporale ben 37, dal primo di nome **Basilio** che rivestì anche la carica di Vescovo, a **Sergio VII** con cui si concluse il ducato, che per estensione possiamo pensare simile all'attuale provincia di Napoli, comprese le isole di Procida e di Ischia. I duchi napoletani furono rigidi e capaci governanti che con il concorso della nobiltà locale, del Clero, dei commercianti, degli artigiani, in una parola della società civile di allora, seppero difendere e mantenere libera per secoli Napoli da eserciti e ingerenze straniere. Il tutto in rappresentanza di un pluralismo di forze e di equilibrio sociale che già allora nascondeva in embrione lo spirito di libertà civile che, nei secoli seguenti, ogni esercito straniero, con le armi e con la letteratura faziosa dei vincitori, ha tentato di soffocare.

Ora, di fronte a tutta questa nobiltà, si affaccia nella piazza la basilica **di S. Francesco di Paola**, (1) voluta da Ferdinando IV di Borbone detto anche Ferdinando I dopo il Congresso di Lubiana del 1821, perché divenuto re di un sol regno che riuniva Napoli e la Sicilia sotto la bandiera del Borbone. Il sovrano la fece costruire nel 1815 a ringraziamento del voto fatto per essere ritornato a governare Napoli dopo il breve periodo francese di Giuseppe Bonaparte e Gioacchino Murat. La chiesa, costruita di fronte l'affaccio di Palazzo Reale è posta a centro di un colonnato a emiciclo che termina alle sue estremità con due vigili gruppi marmorei di leoni in posizione di finto riposo (quattro a destra e quattro a sinistra). Al centro del colonnato troneggia la cupola della basilica, che con la facciata ricalca un po' a fotocopia il complesso del Pantheon di Roma. Il tutto sul fondale dei palazzi e dei tetti del rione del Pallonetto appollaiato su un fianco della collina di Pizzofalcone.

Sempre a proposito di questa piazza, che oggi possiamo definire anche una galleria d'arte a cielo aperto per le opere di artisti di fama internazionale che sovente vi espongono, bisogna dire che essa ha la forma di una enorme finestra ad arco sul cui davanzale si affaccia la costruzione di Palazzo Reale, iniziata a partire dal 1600 per volontà del viceré spagnolo Fernando Ruiz De Castro, che su una costruzione in loco, già sede di dimore vicereali al tempo di don Pedro Di Toledo, fece progettare dall'architetto Domenico Fontana una nuova sede regale per i regnanti e i dignitari di Spagna in visita alla città. La costruzione proseguì fino alla metà del 1600 presentando alla fine una facciata con alla base sedici archi, di cui otto, successivamente, in alternanza furono fatti chiudere, verso la metà del settecento, dall'architetto Luigi Vanvitelli per il consolidamento statico dell'edificio (Vanvitelli fu inoltre autore della reggia borbonica di Capodimonte e di quella di Caserta).

Nel 1888 re Umberto I di Savoia tramite pubblico concorso fece eseguire da alcuni scultori otto statue in marmo raffiguranti i diversi reali che nel corso del tempo avevano occupato il regno di Napoli. Le statue furono poi collocate in ordine temporale nelle otto nicchie tompagnate.

Il complesso di Palazzo Reale, con terrazza sul mare, si sviluppa su un'ampia area di fronte Castel Nuovo a cui è congiunto con un camminamento aereo su calata castello e costituisce con l'attuale sede della biblioteca nazionale (un tempo salone delle feste) e l'attiguo teatro S. Carlo uno dei complessi monumentali più rappresentativi della storia della città. L'accesso principale del palazzo dava in origine su un ampio spazio detto largo di palazzo, successivamente denominato **Piazza Plebiscito** a seguito del referendum del 1860 che sancì l'annessione del

Regno di Napoli allo stato sabaudo.

La piazza, per i suoi diversi utilizzi nel tempo, ha costituito ed ancor oggi costituisce uno dei più grossi contenitori di rappresentanza e propaganda cittadina. Essa è chiusa sul lato Nord da una costruzione del 1815, sede attuale della prefettura e a Sud da un corpo di fabbrica del 1775 prevalentemente a sviluppo orizzontale detto **Palazzo Salerno**, perché in passato occupato dal Principe Filippo I di Salerno, non sano di mente, figlio di Ferdinando IV di Borbone ed ora sede di uffici di alto comando militare. Infine quasi al centro di questa grande torta di immagine e propaganda regale si trovano due "ciliegine" equestri a gloria di casa Borbone, iniziate da Antonio Canova e terminate da un suo allievo, una dedicata a Carlo III e l'altra al suo terzogenito Ferdinando IV che gli successe sul trono di Napoli. Il secondogenito di Carlo III, anch'egli di nome Carlo, seguì il padre in Spagna quando il sovrano nel 1759 fu chiamato in quella nazione per sostituire il fratellastro a seguito della sua morte. Il napoletano Ferdinando IV, dopo il congresso di Lubiana del 1821 che seguì quello di Vienna del 1815 in cui furono ridefiniti i nuovi confini d'Europa, prese, come già ricordato, il nome di Ferdinando I con il quale, a seguito del sostegno ricevuto dalle grandi potenze europee (accompagnato da un battaglione austriaco), ritornò a governare per la seconda volta sul Regno delle due Sicilie.

Il Regno fi chiamato "delle due Sicilie" perché l'estremità peninsulare di fronte all'isola maggiore, separata dallo stretto di Messina, era identificata anch'essa col nome di Sicilia, al di qua e al di là dello stretto.

Ora riprendiamo il cammino e scendiamo per **via Cesario Console** (famoso condottiero navale di epoca ducale, 870 d.C.) ammirando in lontananza il Vesuvio e sulla sinistra uno spicchio del porto della città con in primo piano il porticciolo del molosiglio (antica darsena Borbonica, sede attuale di un prestigioso circolo nautico) e la Stazione Marittima di architettura fascista con attiguo il molo Beverello, dove attualmente attraccano le grandi navi da crociera e gli aliscafi per le isole del golfo.

Questo porto è uno dei più importanti del Mediterraneo per traffico di passeggeri e di merci e si sviluppa come un lungo serpentone costiero per

vari chilometri, con varchi antichi e moderni, che partendo dal nucleo originario greco-romano (area antistante Castel Nuovo) arriva a San Giovanni a Teduccio ed oltre.

Nel tempo per la sua importanza strategica e commerciale è stato rielaborato molte volte, tant'è che ancora oggi subisce costanti ritocchi, come ad esempio l'ultimo lifting in onore della fermata della nuova metropolitana in piazza Municipio, che pone la stazione Marittima del porto di Napoli al centro di un sistema integrato di collegamenti, tale da fare invidia a molte metropoli moderne.

Dalle banchine di questo porto, che spesso nei secoli antichi sono state teatro di assalti alla città (famosi quelli dei saraceni), nell'ultimo dopoguerra partirono con fazzoletti di saluto al vento, spesso bagnati di lacrime, molti emigranti meridionali, che alcuni versi di una famosa canzone napoletana del 1919 hanno così immortalato nel tempo:

"Partono 'e bastimenti pe' terre assaje luntane... Cantano a bordo: so napulitane!"

Svoltiamo in via S. Lucia, lasciandoci sulla sinistra l'ultima versione architettonica della chiesa **(2)** della santa il cui culto, di antichissima memoria nella zona risalente al IV secolo d.C., sopravvive con forza ancora oggi nei pescatori e nei residenti del luogo.

Qui la bellezza del paesaggio marino e del suo borgo ha ispirato un'altra tra le più nostalgiche melodie della canzone napoletana: S. Lucia luntana.

Detto tra noi il rione di S. Lucia è l'unico di Napoli che ricordo sia riuscito a caratterizzare i suoi abitanti con un appellativo riferito al santo di zona. Infatti spesso per riferirsi ad una ragazza del luogo molti ancora dicono: 'A Luciana.

Più giù lungo la strada alberata che stiamo percorrendo troviamo sulla sinistra la sede della Regione Campania e a destra prima di arrivare al Chiatamone la chiesa di **S. Maria della catena (3)** del 1576, dove sono sepolte le spoglie dell'ammiraglio Francesco Caracciolo, eroe, dopo quella francese, della rivoluzione napoletana del 1799 e della successiva repubblica partenopea terminata con la Restaurazione dei Borboni nel 1801. Pochi passi e siamo al termine del terrapieno che sovrasta la zona: la

collina di Pizzofalcone, un luogo in cui tra il 1667 e il 1670 il viceré Pedro Antonio di Aragona fece costruire, sulla superficie precedentemente occupata da giardini, il Gran Quartiere di Pizzofalcone, così da permettere una migliore sistemazione della guarnigione spagnola. Su quell'area oggi svetta la caserma Nino Bixio, sede del quarto reparto mobile di Napoli e, poco più in basso, il complesso della scuola militare Nunziatella fondata nel 1774 dai Borboni, che era ed è rimasta severa fucina di apprendimento e di avvio alla carriera militare per rampolli di medio e alto lignaggio.

Sotto la collina, anticamente chiamata **Montechia,** si trovano grosse gallerie tufacee di cui una parte attualmente è adibita ad un grande moderno parcheggio sotterraneo ed un'altra è visitabile come ex tunnel di epoca borbonica: una via di fuga regale in caso di condizioni avverse…

Di simili "buchi neri" a varia grandezza il sottosuolo di Napoli è pieno. Se ne contano conosciuti circa 700, ma molti ancora sono da portare alla luce, la qual cosa ci porta a dire che esistono due Napoli: una in superficie per i vivi ed una sotterranea per i morti e i "finti fantasmi". Quest'ultimi in questi luoghi hanno svolto varie attività illecite al riparo da occhi indiscreti. Infatti alcune caverne del sottosuolo sono state usate spesso da "gente di rispetto" come guappi e camorristi, per riti di iniziazione, oppure come depositi clandestini per il contrabbando, sversatoi illeciti per detriti e *monnezza*, cimiteri durante le varie pestilenze e dulcis in fundo anche come tombe di pietra per corpi scomparsi e mai ritrovati. D'altra parte una città di mare come Napoli dove ogni giorno da tutto il mondo arrivano e partono navi piene di merci, non poteva non sfruttare "gratis" questi enormi naturali capannoni sotterranei per le sue diversificate attività, che già nell'antichità venivano usati per raduni scabrosi di feste popolari che solo in età vicereale spagnola furono vietati. Peccato che per lunghi decenni, anche dopo l'interdizione al pubblico, il loro uso clandestino sia stato appannaggio della parte di popolo più deleteria per l'immagine della città. Ma da qualche anno, finalmente, questi luoghi dal fascino ancestrale, con sommi sacrifici delle istituzioni, di molti ragazzi acculturati di buona volontà associati in cooperative, stanno lentamente, sotto il vigile occhio della soprintendenza ai beni culturali, ritornando alla luce per scopi più nobili finalizzati ad un turismo di qualità.

Detto questo ora sfatiamo un luogo comune di ineducazione napoletana e attraversiamo con il verde la strada sul lungo mare che prende per un tratto il nome dell'ammiraglio Francesco Caracciolo, sepolto nella chiesa di S. Maria della catena che da poco ci siamo lasciata alle spalle.

Superata la strada ci fermiamo sul ponticello che porta al **Borgo marinaro di S. Lucia**, là proprio dove sorge maestosa e compatta la mole di **Castel dell'ovo**. A questo punto dico al mio assistente, Gennarino, di piazzare le sedioline per un primo riposo compensativo del cammino fatto, anche perché *'o fatt è luongo e…* i piedi hanno bisogno di riposo!

Sistemate tutte le sedioline lasciando un corridoio libero per i passanti e i turisti frettolosi riprendo il discorso:

Qui, nel luogo dove siete seduti, su questo lembo di terra chiamato dagli antichi Megaris, attuale borgo marinaro con famosi ristoranti, circolo nautico, porticciolo turistico con annesso castello di magico e alchemico richiamo al sommo poeta latino Virgilio, 770 anni prima della nascita di Cristo (a onor del vero bisogna dire che su questa data circolano molte dotte versioni alternative) un gruppo di navigatori e avventurieri provenienti dall'isola greca di Eubea nel mare Egeo piantarono un piccolo emporio che possiamo pensare simile ad un minimarket d'oggi, da dove iniziarono a commerciare con le popolazioni locali. A questo primo insediamento fu dato, forse in onore di un tempio pagano dedicato alle sirene già esistente nel golfo, il nome di una di esse: **Parthenope** (termine che in greco significa "vergine"), che con altre due sorelle **Leucosia** e **Ligea** si favoleggia che la facessero da padrone nelle isolette dei Li Galli appena girato il promontorio di punta campanella in penisola sorrentina. A ricordo del DNA della sirena Parthenope i napoletani sono detti anche partenopei.

Per verità storica bisogna però dire che una delle prime popolazioni greche (i calcidesi di Eubea) stabilitasi nel golfo di Napoli fu quella che colonizzò Pithecusa, l'attuale Lacco Ameno nell'isola d'Ischia, al di là del promontorio di Posillipo distante 18 miglia marine dal punto in cui siamo (come evidente già allora c'erano flussi di extracomunitari in cerca di fortuna).

Questo avamposto greco nel golfo partenopeo divenne in poco tempo, per la lavorazione di argilla e di ferro di cui l'isola era ricca, un centro importante di manufatti, in ferro e terracotta, molto richiesti nell'entroterra campana e negli altri centri della Magna Grecia.

A proposito di questo termine dobbiamo aprire una piccola parentesi per capire l'importanza della produzione pithecusana nel contesto commerciale delle colonie greche stabilitosi in Sicilia e nell'Italia meridionale. Per Magna Grecia si intende l'aggregazione principalmente di natura militare delle suddette colonie, che pur essendo autonome nel loro governo conservavano stretti rapporti con la madre patria mantenendo usi e costumi dei luoghi di provenienza. La solidarietà e all'occorrenza la comune alleanza militare contro i nemici esterni (in particolare le popolazioni centro italiche degli Etruschi) permisero per secoli l'affermazione nel basso Mediterraneo delle attività e del pensiero culturale greco, che successivamente la potenza di Roma erediterà con le sue conquiste adattandolo e modificandolo in chiave latina. A riguardo per meglio focalizzare l'area d'azione di queste colonie nel meridione ricordo: Cuma in Campania (730 a.C.) – Reggio in Calabria (743 a.C.) – Taranto in Puglia (706 a.C.) – Messina (757 a.C.), Siracusa (738 a.C.) e Agrigento (580 a.C.) in Sicilia.

Questi luoghi, così come altri, erano spesso individuati tramite il pronunciamento dell'oracolo di Apollo che possiamo dire aveva a Melfi una delle più importanti agenzie di viaggio del tempo, dove operavano per lo smistamento dei flussi migratori interessati operatori turistici dell'epoca: i sacerdoti del Tempio!

Come si vede già allora era tutto pianificato…

Ora tornando a Pithecusa nell'isola d'Ischia bisogna dire che i prodotti sfornati dalle sue fucine con tanto di marchio D.O.C. dell'autore erano essenzialmente oggetti di grande uso quotidiano di facile e intensa commercializzazione come ad esempio il vasellame per cucinare, allestire la tavola, i recipienti per le lucerne d'illuminazione, i grandi contenitori per la conservazione delle derrate alimentari come olio, vino, grano e legumi, le ampolle per i profumi, i monili per le signore, le fibule per i vestiti, le statuette delle divinità pagane e tante altre cose che il museo pithecusano presso Villa Arbusto in Lacco Ameno, assieme agli scavi sotto la chiesa di S. Restituta avrà modo di mostrarvi se andrete a visitarlo.

Gemma della collezione museale è una piccola coppa con una scritta in greco antico. Essa celebra ed esalta gli effetti del vino che Omero già aveva decantati nell'Odissea a proposito della famosa **Coppa di Nestore.** Infatti la scritta pithecusana riportata da un artigiano del tempo che la sapeva lunga… pubblicizza i piaceri afrodisiaci che il vino bevuto dalla coppa procura a chi lo gusta. Tradotta, l'scrizione sulla coppa suona così:

"La coppa di Nestore era certo piacevole a bersi, ma chi beve da questa coppa subito lo prenderà il desiderio di Afrodite dalla bella corona"

Il che, a sua volta, esplicitato in spirito nazionale, vuole alludere "al piacevole desiderio che spesso una abbondante bevuta di vino suscita per una bella donna…"

*Vaso Pitecusano con una scritta in greco antico che richiama
la coppa di Nestore citata da Omero.*

O'conciatiane. Artigiano ambulante dell'iconografia dei mestieri napoletani (riparatore di vasellame in terracotta e ombrelli).

Sempre a proposito della produzione dei manufatti in terracotta che si realizzavano a Pithecusa, all'occorrenza anche con una particolare tecnica di verniciatura, bisogna dire che quelli scartati per malriuscita - generalmente anfore allungate e tegole di grossa dimensione - venivano utilizzati dalla popolazione come piccole bare per la sepoltura dei bambini. Gli scavi sotto la chiesa di S. Restituta a Lacco Ameno ne sono ancora oggi visiva testimonianza.

E per chiudere, facendo un salto di molti e molti secoli, è interessante riportare qui per assonanza del tema artigianale un'altra figura tipica del palcoscenico napoletano: *o' conciatiane*.

Dovete sapere che a Napoli e provincia fino agli anni '50 del secolo scorso, i recipienti di terracotta che si lesionavano come ad esempio: *a tiana pà pasta, o vacillo pa' faccia, o cufunaturo pe' panni e o' cantaro pa' pisciazza*, venivano riparati in modo artigianale (allora non c'erano i potenti collanti d'oggi) da un famoso artigiano ambulante chiamato volgarmente *o'conciatiane* che, forte di un rudimentale trapano a mano, di un rocchetto di filo di ferro sottile e di una tenaglia, praticava dei microfori sui pezzi da ricongiungere serrandoli fortemente con il filo di ferro a disposizione. Miracolo! Alla fine il collaudo aveva sempre esito positivo.

Finita l'epoca di Pithecusa, anche a causa dei continui sovvertimenti tellurici del suolo (lo spento vulcano del monte Epomeo nell'Isola d'Ischia ne è testimonianza geologica) la popolazione si sparse nei territori vicini, contribuendo non poco, con altri vaganti connazionali greci provenienti dalla vicina Cuma, alla colonizzazione del Golfo. Infatti fu da questa prima importante città greca in occidente sorta in terraferma, di fronte alle isole di Ischia e Procida, dalla quale partirono i coloni che fondarono sulla collina di Pizzofalcone la città di Palepolis, che in breve tempo assorbì anche il consolidato avamposto commerciale di Parthenope sull'isolotto di Megaride (attuale borgo di Castel dell'Ovo). Infatti, molti coloni greci e cumani, forti della vittoriosa rivincita ottenuta nel 474 a.C. da alcune colonie della Magna Grecia (tra le quali Siracusa) sulla popolazione nemica degli Etruschi, ritornarono sui luoghi da cui erano stati spodestati i fondatori di Parthenope e diedero vita a un nucleo abitativo più grande del primo insediamento, fondando la città di Palepolis (città vecchia) che fu detta tale per distinguerla da Neapolis (città nuova) che cominciava a sorgere a poca distanza in un territorio ad est della città vecchia.

In breve la città vecchia di Palepoli era costituita dall'attuale **borgo marinaro di Castel dell'Ovo**, allora detto Parthenope e dagli insediamenti sulla collina di Pizzofalcone, ai cui fianchi nel vallone di Chiaia si dice scorresse un mitico fiume ormai scomparso: il **Sebeto**. Questo fiume di incerto percorso, secondo altre ipotesi sfociava invece nei pressi dell'attuale ponte della Maddalena, ad est di Neapolis.

Ma tornando a Parthenope, chi era questa sirena che, unica fra le sue compagne sopravvive da circa 2700 anni nella memoria collettiva dei napoletani come mitica rappresentante della città?

Vaso di epoca greca risalente al IV secolo a. C. proveniente dalla necropoli di Sant'Agata sui due Golfi (Massalubrense, Napoli) raffigurante una sirena alata con corpo mezzo donna e mezzo uccello. Museo G. Vallett, Piano di Sorrento.

Vaso greco raffigurante una sirena alata mentre tenta con il suo melodioso canto di ammaliare Ulisse, British Museum.

Secondo la mitologia greca, le sirene che Omero cita nel XII libro dell'Odissea, a proposito del viaggio di Ulisse nel ritorno ad Itaca, quando l'eroe con la sua nave si ipotizza passasse tra Capri e Sorrento, erano mostri con corpo mezza donna e mezzo uccello, così come sono raffigurati su alcuni vasi antichi di epoca greca attualmente esposti in alcuni musei in Italia e all'estero (Museo Archeologico G. Vallet di Piano di Sorrento, British Museum di Londra). In epoca medioevale l'aspetto iconografico della sirena, mezza donna e mezzo uccello, si tramuta in quello mezza donna e mezzo pesce così che nasce una nuova versione della sirena, non più librata nell'aria ma affiorante dal mare. Delle due versioni che sono state fatte di queste dolci e terribili creature che con il loro canto ammaliavano i naviganti per le loro brame assassine, l'acquatica e sinuosa Parthenope dai capelli verdi d'alghe e dal corpo di squame lucenti è quella che grazie a Napoli resiste inalterata nel tempo. Ciò, forse, è dovuto anche al fatto che il suo mito di star non coinvolge soltanto Napoli, ma abbraccia tutto il golfo partenopeo ed in particolare le terre di Sorrento e Capri. Infatti come già accennato, la leggenda vuole che Parthenope avesse residenza sugli isolotti dei Li Galli, appena girato il promontorio di **punta della Campanella** che separa il golfo di Napoli da quello di Salerno. Su questo promontorio che si spegne lentamente a mare di fronte l'isola dei Faraglioni, si dice vi fosse un tempio dedicato a queste strane creature, per la qual cosa la costa sorrentina e l'isola di Capri prendono anche il nome di terre delle Sirene. Ed ora per chiudere definitivamente il caso Parthenope non resta da dire che questa aliena creatura non riuscendo a svolgere il compito impressole nel suo dna di ammaliatrice d'uomini quando Ulisse le passò davanti con la sua ciurma, per autopunizione decise di suicidarsi venendo a spiaggiarsi (guarda caso!) proprio sull'isolotto di Megaride dove successivamente ad opera del Normanno iniziò la costruzione di Castel dell'Ovo.

Le altre due sorelle di Parthenope fecero la stessa cosa: Licosia spiaggiandosi a punta Licosa nei pressi di Castellabate e Ligea nei pressi di Lamezia Terme in Calabria.

Una leggenda alternativa riportata da Matilde Serao (co-fondatrice del quotidiano cittadino "Il Mattino" nel 1892 insieme ad Edoardo Scarfoglio) vuole invece che l'isolotto di Megaride fosse stato sede d'arrivo di due bellissimi giovani greci: Parthenope e Cimone, fuggiti dai luoghi natii perché contrastati nel loro amore dalle famiglie. Dopo varie peripezie, giunti sull'attuale isolotto di Castel dell'Ovo, gli amanti, attratti dalla bellezza dei luoghi, fecero venire dalla Grecia parenti e amici che con essi, nel tempo, colonizzarono il golfo di Napoli. La città, pertanto, secondo questa leggenda non è più frutto del suicidio di un'aliena sirena del mare, bensì di un atto d'amore fra due esseri umani pulsanti di desideri e passioni.

A questo punto dal gruppo si alza una voce in dialetto nordista che chiede: "Scusi, ma perché il castello si chiama dell'ovo?".

Per rispondere a questa legittima domanda la prendo un po' alla larga dicendo che dopo la fondazione di Neapolis, la popolazione greca che occupava i luoghi della vecchia città di Palepolis iniziò a stabilirsi insieme ad altri gruppi provenienti da Pithecusa, da Cuma e da altre zone dell'entroterra campano, nella nuova città di Neapolis sorta sui terreni alle spalle dell'attuale Corso Umberto a sud e delimitata a nord da via Foria, ad est da via Carbonara e ad ovest da via Costantinopoli.

Successivamente, nel 326 d.C, con la conquista della città da parte di

Roma che riconobbe a Neapolis il ruolo di città federata, i luoghi della vecchia Palepolis, compreso il litorale di Posillipo e la piana dei Campi Flegrei, vennero colonizzati da gran parte dell'aristocrazia romana, che in essi trovava le condizioni ideali di clima e cultura per i suoi "ozi" lontano dalla caotica Roma. Infatti a Napoli si trovava un clima mite, un mare a disposizione, un paesaggio agreste e infernale pregno di cultura greca di cui i grandi poeti e letterati di Roma erano profondi ammiratori. E sarà proprio in queste località amene ed arcaiche, dove la mitologia poneva addirittura l'entrata al regno dei morti (**il lago d'Averno**) a pochi chilometri dalla fondazione di una città nuova (Neapolis) che offriva dal vivo uno spaccato di vita e cultura greca che il sommo **Virgilio**, autore dell'Eneide e maestro di Dante nella Divina Commedia, verrà a vivere e a trovare ispirazione per le sue opere.

A questo poeta, cui la credenza popolare napoletana attribuì per molti secoli dopo la sua morte non tanto doti poetiche quanto soprattutto doti di mago e indovino, Napoli fu particolarmente legata nel tempo, eleggendolo prima che arrivasse S.Gennaro a nume tutelare della città.

Ciò fu tanto vero che ancora nel Medio Evo una leggenda volesse che il mago Virgilio avesse nascosto un uovo di virtù magiche a protezione della città proprio nel luogo dove sorse il castello ad opera dei Normanni. Il **castello** poi fu detto **dell'Ovo** per distinguerlo da castel Vecchio (ex palazzo dei tribunali) e da Castel Nuovo detto Maschio Angioino.

Dipinto di una sirena acquatica. Max Klinger, Palazzo Pitti, Firenze.

Una sirena del mare a punta della Campanella, di fronte l'isola di Capri. Olio su tela dell'autore
cm 80 x 120

Ora però per capire un po' di più quanto la figura, o meglio il mito di **Virgilio** fosse in stretto rapporto con la storia di Roma ed in particolare con il popolo napoletano, è doveroso dare alcune brevi notizie sui molteplici aspetti della personalità del poeta, che grazie alla stima e all'ammirazione dell'imperatore Ottaviano (14 d.C.) e del suo ministro per la cultura Mecenate, è passato alla storia come il più grande cantore latino della stirpe romana. La leggenda della nascita di Virgilio (70 a.C.) avvenuta sotto un albero lungo una strada nei pressi di Mantova, i suoi trascorsi giovanili a Cremona, poi a Milano, a Roma presso la scuola di Edipo ed infine a Napoli, dove si trasferì intorno al 30 a.C. soggiornando sulla collina di Posillipo dove secoli prima aveva dimorato il filosofo di origine ateniese Epicuro (342 a.C.) di cui sposò la filosofia e lo stile di vita, resero il poeta un personaggio a cui si attribuivano doti di conoscenza che travalicavano l'umano. La sua profonda cultura del mondo greco e latino, la pubblicazione delle Georgiche, delle Bucoliche ed infine dell'Eneide, dove nei campi Flegrei presso il lago d'Averno, guidato dalla Sibilla Cumana ambientò il viaggio di Enea nel regno pagano degli inferi, lo resero nell'immaginario collettivo del popolo napoletano un personaggio accreditato di gran potere magico e divinatorio. Questa credenza era così sentita nel medioevo tanto che in epoca cristiana già affermata, Virgilio fu ancora considerato uno dei massimi vati dell'età futura al punto tale che anche il cristianesimo utilizzò le sue famose: "sortes vergilianae" per avvalorare la venuta del Salvatore.

Il lungo soggiorno napoletano con la creazione di una scuola lungo la costa di Posillipo (palazzo degli Spiriti), la sua esistenza schiva ed appartata secondo lo stile di vita epicureo, il suo amore per la città di Napoli di cui volutamente l'epitaffio da lui dettato in punto di morte (Brindisi 18 a.C.) ne ricorda il nome e la sepoltura, contribuirono enormemente a farlo assurgere nel cuore dei napoletani (prima che arrivasse S. Gennaro) a nume tutelare della città.

Il suo mausoleo alle spalle della Chiesa di Piedigrotta, fu per molti secoli meta continua di pellegrinaggio da parte del popolo e di uomini illustri tra cui Petrarca, che prima di ricevere l'alloro di poeta in Campidoglio (1341 d.C.) volle venire a Napoli per sottoporsi all'esame del "dottissimo" re Roberto d'Angiò e visitare tutti i luoghi in cui era vissuto Virgilio, del quale è rimasta magnifica sintesi a ricordo di Napoli, (come accennato), l'epitaffio da lui dettato prima di morire che dice:

*"Mantova mi generò, la Calabria mi rapì, ora mi custodisce Parthenope.
Cantai i pascoli, le campagne, i duci".*

Ora, tornando al nostro racconto, bisogna dire che il litorale che da Mergellina passando per Posillipo, Bagnoli, Miseno, Pozzuoli, Baia, arriva fino a Cuma ed oltre fu amato e colonizzato anche da molti altri illustri e facoltosi personaggi di epoca romana a cominciare dagli imperatori Augusto, Nerone e Tiberio fino ai ricchissimi Publio Pollione e Lucullo, questi ultimi passati alla storia per le loro ingenti ricchezze. Infatti, il primo costruì una villa mega galattica fra il borgo di Marechiaro e Trentaremi, detta Pausilypon (che significa "pausa del dolore") che successivamente regalò ad Augusto e da cui la collina sovrastante prende il nome. Il secondo, Lucullo (ricchissimo generale romano) per un complesso residenziale (castrum) che iniziava dall'isolotto di Megaride (attuale borgo marinaro) fino a raggiungere le vecchie rovine di Palepolis sulla collina di Pizzofalcone. Famose in entrambi i complessi le vasche di stabulazione per i mitili del Golfo e per il mantenimento delle murene che erano di moda per essere usate sia per la delizia del palato che come divoratrici di schiavi da eliminare o come trofei imbellettati di gemme preziose da esibire in determinate occasioni. Non a caso, per i rinomati banchetti di Lucullo ancor oggi un succulento e pregiato pranzo viene menzionato come un pranzo luculliano.

Qui per assonanza d'argomento, consiglio agli amanti dell'immaginifico la lettura di alcune pagine del romanzo La pelle di Curzio Malaparte, dove l'autore, in epoca moderna, fantastica di un banchetto durante il quale viene servita ai commensali addirittura una sirena del mare.

Ma col passare del tempo anche i siti di Palepolis, occupati in epoca romana dal Castrum di Lucullo, andarono in rovina lasciando il posto sull'isolotto di Megaride alla costruzione di Castel dell'Ovo che, iniziata in epoca normanna, secolo dopo secolo, con la successione delle varie reggenze straniere, si espanse fino a raggiungere la conformazione attuale. Ed è nelle fondamenta di questo castello che la leggenda vuole che il mago Virgilio (eletto dalla credenza popolare a nume tutelare di Napoli) avesse nascosto una gabbietta contenente un'ovo di virtù magiche a protezione della città.

Litografia del 1652 di Villamena, proponente i luoghi mitici di richiamo al poeta Virgilio, al Santuario di Piedigrotta e alla cripta neonapolitana

Sito sepolcrale di Virgilio a Piedigrotta e stele a ricordo della sepoltura di Giacomo Leopardi. Grafica a china dell'autore.
(30 x 15)cm

A riguardo, bisogna dire che la popolazione era così convinta delle virtù magiche dell'ovo che in epoca Angioina, a seguito della notizia che una tempesta di mare aveva portato via la gabbietta con l'uovo, la regina regnante Giovanna I d'Angiò dovette intervenire per placare il popolo promettendo di sostituire con un nuovo uovo e una nuova gabbietta più bella e resistente i precedenti che il mare aveva distrutto. Naturalmente sul perché del nome del castello vi sono anche altre versioni, tra cui la più breve vuole che si chiamasse "dell'ovo" a causa della forma ovale del terreno su cui sorgeva.

Dei poteri magici attribuiti a Virgilio a salvaguardia della città e della vita dei napoletani il prodigio più famoso resta quello che lo vuole autore in una sola notte del traforo (la famosa **Crypta Neapolitana**) praticato nella collina di Posillipo, proprio a fianco della chiesa di Piedigrotta, nella zona di Mergellina poco distante dalla metropolitana che porta a Pozzuoli (in effetti il traforo della grotta, che secondo alcuni viaggiatori era alquanto sconnesso e con pochissima luce, fu opera dell'architetto romano Lucio Cocceio Aucto operante nel territorio flegreo tra il 40 e il 30 a.C. per commissione di alcune grandi opere di carattere pubblico). E sarà proprio a partire da Pozzuoli che il martire cristiano **S. Gennaro** (dopo più di tre secoli) inizierà con la sua decapitazione, avvenuta il 19 settembre del 305 d.C., a spodestare dalle coscienze pagane dei napoletani il mito di Virgilio come protettore della città, divenendo in poco tempo egli stesso indiscusso patrono della Napoli cristiana di ieri e di oggi.

Di tanta storia resta traccia a Pozzuoli la pietra bagnata di sangue su cui fu decapitato il santo e il mausoleo di Virgilio accanto la chiesa di Piedigrotta, dove circa venti secoli dopo un destino di assonanza poetica vuole venisse sepolto un altro grande della letteratura italiana che aveva goduto del clima di Napoli: Giacomo Leopardi.

A S. Gennaro, vescovo e patrono di Napoli si attribuiscono molti miracoli a difesa della città. Le reliquie di sangue raccolte da una pia donna presente al momento della decapitazione, sono conservate in un'ampolla nel duomo della città. Il 19 settembre di ogni anno in concomitanza del ricordo del sacrificio del santo, i napoletani attendono il "miracolo" della liquefazione del sangue e la rivitalizzazione delle macchie di liquido ematico rimasto sulla pietra a Pozzuoli dove il santo fu decapitato. Se ciò avviene è festa grande perché significa che anche la divinità è fiduciosa per il futuro della città. Diversamente è segno premonitore di sventure, per le quali il santo, a volte in tempi passati, era oggetto da parte del popolo di invettive di cattivo gusto.

Scena II

Da Castel dell'Ovo
alla Villa Comunale

Ma ora è venuto il momento di alzarsi e di sgranchirsi le gambe, per cui invito tutti a proseguire il cammino lungo il mare per raggiungere con una breve passeggiata la **villa Comunale**. Con docile rassegnazione e qualche sospiro di celata sofferenza "i gitanti" al seguito si alzano per riprendere il cammino, mentre nel frattempo il mio assistente Gennarino raccoglie le sedioline e le sistema nel carrello.

Lasciatoci alle spalle Castel dell'Ovo e dato uno sguardo ai grandi alberghi a cinque stelle con balconi e terrazze sul mare (qui, una notte d'amore vale l'incanto del golfo…), un ragazzo a seguito del liceo pugliese vede a pelo d'acqua sul mare una serie di boe che lo incuriosiscono…, per cui mi chiede cosa ci facciano in quello specchio d'acqua davanti al castello quelle "cose ondeggianti" che si muovono sulle onde.

"Eh caro ragazzo", gli dico, "qui da noi il sacro si mischia al profano, per cui dovendo pensare anche alla pancia, non c'è di meglio che assaporare un'impepata di cozze, o nu' vermicello a vongole con i molluschi che crescono sotto quelle cose davanti agli scogli di S. Lucia. Provare per credere!".

D'altra parte questa era ed è una zona di pescatori che i superstiti d'oggi coltivano un po' per tradizione e un po' per far lievitare anche loro il PIL partenopeo.

Messaggero pubblicitario di questi bivalvi partenopei D.O.C. è stato per anni la figura dell'ostricaro, che su un banco all'aperto esibiva i più succulenti prodotti ittici del nostro mare: spaccati di ostriche e di ricci dal frutto rosso, cozze di scoglio e vongole veraci, cannolicchi e gamberetti del golfo. Tutto a disposizione di perplessi turisti invitati ad assaporare a crudo, con solo una spruzzata di limone sulla polpa, questo paradiso marino sulla terra. Poi è arrivata la Comunità Europea, con le sue giuste e rigide norme igieniche per la commercializzazione dei suddetti prodotti ed anche l'ostricaro è entrato a far parte del grande e ammuffito archivio del palcoscenico di vita napoletana.

Dopo questa zoomata sullo sfondo di un golfo dipinto tante volte sul coperchio dello scrigno (ricordate?) da illustri pittori napoletani (famosi quelli della Scuola di Posillipo nell'800), finalmente attraversata piazza Vittoria ci accingiamo ad entrare in Villa Comunale, vetrina di verde cittadino lasciatoci in eredità dai Borboni. Qui però, prima di entrare, ancora una volta prendo la parola dicendo: "Signori, per restare in tema artistico, mi sia concesso di soffermarmi brevemente su un genere pittorico minore che alla fine del '700 e dell'800 ebbe grande fortuna in città: le gouache."

Queste opere realizzate generalmente su carta, erano eseguite con colori base non diluiti, mescolati con resine gommose con l'aggiunta di bianco, il che rendeva l'impasto colorante molto coprente e di aspetto opaco.

Le gouache, soprattutto dopo la scoperta di Ercolano e Pompei, in epoca Borbonica ebbero gran successo presso i viaggiatori del Gran Tour che venivano in Italia per godere della classicità dei luoghi. Questi dipinti per la loro peculiarità di dimensione, di trasporto e commercializzazione (bastava arrotolare il foglio e metterlo in valigia) invasero molte case e musei europei con fantastiche eruzioni del Vesuvio e squarci del golfo di Napoli in cui siti reali, ruderi romani, quartieri e costumi della città la facevano da padrone. Maestri di quest'arte sono stati artisti così detti minori del '700 e '800 napoletano, tra cui ricordo per brevità solo alcuni come: Saverio Della Gatta, Luigi e Salvatore Fergola, Pietro Fabris, Giacchino La Pira, Alessandro D'Anna, Giuseppe Scoppa, che assieme a tanti altri anonimi concorsero al pari delle grandi firme della pittura napoletana di quei secoli quali Hackert, Pitloò, Giacinto Gigante a far conoscere Napoli al grande pubblico. Opere di questi artisti si trovano presso il museo di S. Martino al Vomero, il museo di Capodimonte, il museo Correale di Sorrento, e presso molte collezioni private in Italia e all'estero.

Finalmente, entrati in Villa Comunale ci accomodiamo subito per ristorarci presso uno dei primi "fiabeschi chalet" risalenti alla risistemazione della villa del 1999, gustando il primo caffè ristretto alla napoletana. Mentre sorseggiamo, il mio assistente riempie all'unica fontanella pubblica rimasta in zona alcune bottigliette con l'acqua D.O.C del fiume Serino che per leggerezza e proprietà organolettiche tiene testa a tutte le pubblicità.

A proposito, vuoi vedere che è proprio quest'acqua il segreto del gusto *da' tazzulella e' cafè* alla napoletana? Vallo a sapere!

Sempre in tema di acque d.o.c. presenti a Napoli è da ricordare l'acqua sulfurea di alcune fonti nei pressi del **Chiatamone**. Quest'acqua dal sapore di zolfo e di credenza digestiva veniva imbottigliata alla fonte del Chiatamone in alcuni piccoli contenitori di terracotta chiamati volgarmente *'e Mummarell* che un altro personaggio tipico del palcoscenico napoletano vendeva in giro assieme alla granita di limone e *a' rattatella* (scaglie di ghiaccio imbevute di sciroppo) su un carrettino durante la calura estiva: **l'acquafrescaio**.

Ed ora, comodamente seduti a sorseggiare il caffè accompagnato dall'assaggio di un babà (altra dolcezza della pasticceria napoletana assieme alla famosa pastiera di periodo pasquale), per non abbandonare il filo conduttore del tempo storico di Palepolis e Neapolis invito tutti a guardare verso la collina di Posillipo che, con le sue costruzioni sparse nel verde, si inchina a mare chiudendo alla vista il restante del golfo di Napoli. E qui con una trovata teatrale delle mie, da vero Pazzariello, invito i miei ospiti a seguirmi con il pensiero sulla collina "che il guardo esclude", da dove con un immaginario binocolo retroattivo accennerò a ciò che al di là del promontorio si poteva scorgere al tempo greco-romano di Neapolis.

Dopo un po' di silenzio si sente dalla collina l'eco di una voce che dice:

"In epoca romana le terre oltre questo promontorio potevano essere raggiunte solo via mare poiché non vi erano trafori o strade carrabili che conducessero al di là della collina nella piana sottostante, ricca di spiagge e coltivazioni agresti. A riguardo, come già accennato, la credenza popolare di epoca medioevale voleva che fossero stati i poteri magici di Virgilio a praticare in una sola notte la prima galleria nella collina (la famosa Crypta Neonapolitana)".

Ora, superato con lo sguardo capo Posillipo, sul quale il parco Virgiliano o "della rimembranza" invita i turisti a godere le meraviglie di tutto il golfo, si vede in basso in una piana lambita dal mare, l'abitato di Bagnoli che fino a pochi decenni addietro era il fulcro industriale siderurgico della Campania. Qui alte ciminiere dello stabilimento **Italsider** per vari decenni hanno mandato al ciel "un fil di fumo" su una delle più belle scenografie della città mortificata dal progresso.

All'epoca di Neapolis i terreni lungo questo litorale, compresi quello dei campi flegrei, furono sede di sontuose ville con sbocco a mare per l'aristocrazia romana che, oltre alla bellezza del paesaggio, trovava nella vicina Baia ciò che di meglio poteva offrire la villeggiatura di allora, terme e luoghi di piacere… che solo Pompei sull'altra sponda del golfo riusciva ad eguagliare.

Ma in antitesi a questo paradiso sulla terra si contrapponeva, sempre da queste parti, un altro tipo di paesaggio: quello sulfureo e rovente della **Solfatara**, quello paludoso e infido del lago d'Averno e quello di sapore magico e ancestrale della Sibilla Cumana. Questi luoghi oscuri e ribollenti, detti per la natura attiva del suolo "campi ardenti", erano accreditati come luoghi infernali, dove addirittura veniva collocato presso il **lago d'Averno** l'ingresso al regno dei morti, il culto dei quali, seppur con variazioni di luoghi, sarà una costante prerogativa del popolo partenopeo nei secoli. A riguardo, non a caso, ancor oggi qualche "napoletano all'antica" adotta un teschio senza nome dei tanti disseminati negli ossari a vista che Napoli dispone nel sottosuolo. Il rituale è questo: individuato il luogo e il teschio volgarmente detto 'a capuzell e mort, che si vuole adottare "il napoletano all'antica" lo cura e lo venera creandogli intorno una piccola edicola, dove spesso si reca per un colloquio con l'anima anonima. Qui i desideri nascosti dell'adottatore sono sviscerati a cuore aperto in attesa della giusta intercessione per la loro realizzazione… compreso un terno o una cinquina al lotto! L'esempio più classico di questi riti lo troveremo più avanti passeggiando lungo la strada principale della città greco-romana di Neapolis: il decumano maggiore.

A pensarci bene, questo rituale medievale alla napoletana altro non è che l'antesignano della moderna tecnologica cremazione del caro estinto, le cui ceneri, venendo conservate in un'urna in casa, divengono oggetto di "colloqui familiari" al pari di quelli che avvengono tra il napoletano all'antica e "a capuzzella e' morte" adottata. La differenza è nel fatto che "*a capa e' morte*" (teschio) anche dopo secoli si conserva integra mentre il caro estinto è ridotto in polvere come un comune prodotto finale di combustione.

Ora però, tornando al nostro percorso, non posso far cadere il sipario sui luoghi infernali dei campi ardenti senza far riferimento ad un personaggio mitico della zona: la **sibilla cumana**.

In breve, ricordo che questa vergine creatura, descritta nell'aspetto come un'invasata ed irosa ultracentenaria vegliarda, molto probabilmente per la veneranda età che le si attribuiva, altro non era che il riferimento figurativo di un nucleo di fanciulle che a Cuma si succedevano nel tempo nel tener vivo una delle massime istituzioni religiose del mondo greco: L'Oracolo di Apollo.

Per i suoi eccezionali poteri divinatori la Sibilla Cumana riceveva presso l'antro in cui esercitava personaggi di ogni genere, desiderosi di conoscere il proprio futuro e ai quali venivano rilasciati su foglie di alloro misteriosi sibillini vaticini (famosi quelli riportati nei libri sibillini opera più volte distrutta e poi rifatta). La fama di questo mitico personaggio nel tempo era tale che nemmeno Virgilio poté sfuggire al suo fascino, tanto che nell'Eneide il sommo poeta affida Enea fondatore della stirpe romana, proprio alla sibilla cumana quando l'eroe, esule da Troia, giunge all'Averno per accedere al regno dei morti in cerca del padre Anchise.

Sicuramente, in epoca medioevale, al tempo dell'inquisizione, il fanatismo teologico della chiesa un personaggio del genere l'avrebbe messo al rogo in una piazza, così come lo furono per molto meno tante donne accusate ingiustamente di stregoneria. Ma ciò fortunatamente non accadde mai a

Napoli, perché nel 1510 e 1547 a seguito della forte opposizione della nobiltà e del popolo, l'inquisizione venne tenuta lontana dalla città e dal mezzogiorno d'Italia. Ed ora, a proposito della chiesa cristiana e dell'enorme influenza che esercitò su Napoli (l'elevato numero di edifici religiosi esistenti in città ne è ancora visiva testimonianza), non si può passare oltre senza ricordare brevemente il suo forte radicamento nella coscienza dei napoletani e l'azione che essa svolse nei secoli per il destino della città. Partendo dalle prime comunità cristiane (alcune famose catacombe ne sono testimonianza) alimentate anche da molti cristiani sbarcati o di transito nell'allora cosmopolita porto di Pozzuoli, il sentimento post-pagano dei napoletani verso la nuova fede si fece sempre più forte e convinto, fino a raggiungere, favorito dagli imperatori romani di fede cristiana, una totale adesione spirituale e politica con la chiesa di Roma. A riguardo non si può tacere che per Napoli transitarono S. Paolo e S. Pietro, il primo ricordato con una lapide sul porto di Pozzuoli e il secondo con la chiesa di S. Pietro ad Aram su corso Umberto, dove la tradizione vuole che l'apostolo avesse battezzato San Candida e Sant'Aspreno nominato primo vescovo di Napoli.

E sarà proprio l'adesione alla nuova fede, supportata da alterna alleanza politica con il Papato, il motivo di gloria e di sventura che Napoli subirà nel tempo, non riuscendo, tranne nei secoli del Ducato di Napoli, ad essere autonoma dall'ingerenza della chiesa di Roma e dagli eserciti conquistatori, che spesso erano funzionali agli interessi ora dell'uno ora degli altri. E il popolo?

Bastava elargirgli un po' di carità cristiana, delle tante istituzioni religiose presenti in città, spremerlo con le gabelle e all'occorrenza dargli un po' di festa, farina e forca! (Le famose tre F di epoca borbonica).

Per il resto ci pensava la Provvidenza e la sopportazione dei sudditi… ieri come oggi!

Intermezzo

Sosta in Villa Comunale per un commento storico-scientifico sull'istituto Anton Dohrn e ritorno in piazza Vittoria

A questo punto, un po' per divagare dalla storia remota della città in cui ci siamo calati, un po' perché siamo in un luogo che ci riserva molte sorprese, invito tutti a mettere in standby i dati forniti e a cliccare con il pensiero sui tasti del '700 e dell'800 dell'era moderna. Questo periodo, a modesto parere del pazzariello che vi parla, è stato per Napoli e per il regno delle due Sicilie un vero e proprio rinascimento culturale e urbanistico, dopo la dominazione spagnola.

È infatti in quest'epoca che sotto la reggenza Borbonica, in particolare di Carlo III stabilitosi con la sua corte a Napoli, che la città riesce ad esprimere, in concorrenza con le altre capitali d'Europa il meglio di sé. Nuovi fermenti e illustri personalità ravvivano il mondo del sapere in città. Tutto nasce e si sviluppa: la musica, la poesia, la filosofia, le scienze, l'industria, la tecnologia, l'urbanistica e tant'altro che la retorica storiografica post unità d'Italia ha cercato di oscurare in nome di un'unità nazionale, che stando alle dichiarazioni di alcuni autorevoli contemporanei politici del nord sembra realmente ancora tutto da attuare. Ma per quella gioventù un po' ingenua che da tante parti d'Italia con passione ed ardore si immolò per il tricolore, il pazzariello napoletano chiede al gruppo di italiani al seguito un minuto di pensoso raccoglimento.

Tutti si alzano e mi seguono lungo il viale centrale della villa. Superata la **fontana** volgarmente detta "**de' Paparelle**" per aver ospitato nelle sue acque questi palmipedi, ordino al mio aiutante di piazzare le sedioline a seguito sotto il gazebo in ferro battuto e vetro posto proprio al centro della villa, la cosiddetta **cassa armonica**. Questa struttura in stile Liberty fu realizzata nel 1887 su progetto dell'architetto Enrico Albino, autore ai primi del 1900 anche della ricostruzione della facciata in stile neogotico del Duomo di Napoli. Presso di essa si tenevano concerti bandistici e rappresentazioni musicali.

Qui dò il meglio di me esordendo: "L'oasi di verde in cui siamo si deve a Ferdinando IV di Borbone che ispirandosi alle Tuileries di Parigi volle anche per la capitale del suo regno qualcosa di simile. Per tale impresa fu incaricato Carlo Vanvitelli, figlio del grande Luigi a cui il Borbone aveva affidato il progetto della reggia di Caserta e dell'annesso stupendo parco, che oggi in certi periodi dell'anno è visitabile anche di notte in un percorso di luci e ombre di suggestiva atmosfera.

L'attuale villa comunale, sorta in una zona all'origine sabbiosa e successivamente risanata, veniva chiamata all'inizio **Real Passeggio di Chiaia** e si estendeva dall'entrata di Piazza Vittoria fino alla "cassa armonica". Di questo luogo, che nel tempo ha subito vari ampliamenti, trasformazioni ed arredamenti urbani con statue, tempietti, fontane, riporto solo due riferimenti ornamentali di forte richiamo storico-culturale: un tempietto in stile greco con una testa riccioluta del giovane Virgilio, onnipresente nello scenario partenopeo, ed una statua alle nostre spalle con postura dottrinale del grande filosofo napoletano Gianbattista Vico, comunemente ricordato nei libri di scuola per la sua teoria sui ricorsi storici. Queste due statue sono l'emblema per eccellenza di due culture stratificate per secoli nella coscienza dei napoletani: quella classica greco-romana e quella filosofica-umanistica delle accademie medioevali. Bisognerà attendere il '700 affinché anche Napoli e il meridione si aprissero ad una vera cultura scientifica foriera di rinnovamento del mezzogiorno d'Italia, sull'esempio di ciò che già era avvenuto in Francia, in Germania e soprattutto in Inghilterra. In queste nazioni il pensiero e gli studi di carattere scientifico erano da tempo già patrimonio culturale di sollecitazione sperimentale, mentre da noi persisteva ancora una sedimentata cultura filosofica-umanistica che distoglieva lo sguardo da ciò che di nuovo avveniva in Europa e nel resto del mondo. Dobbiamo quindi soprattutto alle case regnanti che governarono Napoli a cavallo tra il '700 e l'800, spesso imparentate con le più emancipate monarchie d'oltralpe, l'azione di sviluppo e promozione delle discipline scientifiche in città. Esempio significativo dell'azione governativa svolta a Napoli a favore delle scienze sotto la reggenza di Ferdinando II è l'indizione in città nel 1845 del VII Congresso Nazionale degli Scienziati Italiani nella sala delle riunioni dell'attuale museo mineralogico. In verità bisogna dire che tale ospitalità fu concessa più per motivi di propaganda politica che per reale fede nella scienza, poiché il sovrano diffidava molto delle idee illuministiche degli scienziati che in gergo dispregiativo chiamava "pennaioli". Tuttavia è in questo clima di rinnovamento culturale e di esigenze tecnologiche per la nascente industria del meridione che sorsero in città, a fianco del prestigioso "studio universitario Federiciano" fondato nel 1224 (poi diventata Università Federico II), i seguenti specialistici istituti di ricerca e formazione:

Il **museo mineralogico,** con una delle più grandi collezioni di reperti vulcanologici del tempo;

L'orto botanico, per lo studio di piante nazionali e d'importazione finalizzato al rinnovamento della produzione agraria del regno;

L'osservatorio astrofisico, di Capodimonte per lo studio della volta celeste presso cui operò Giuseppe Piazzi, scopritore del pianeta Cerere;

L'osservatorio vesuviano, per lo studio del vulcano e dei movimenti tellurici del territorio;

L'istituto delle Pelli, per lo studio e il trattamento del pellame, finalizzato all'industria del settore. Il marchio di quest'istituto è ancora oggi molto apprezzato dalle nostre aziende nazionali;

L'istituzione della fabbrica di ceramiche di Capodimonte;

L'opificio della seta e dei tessuti pregiati presso il complesso di S. Leucio;

L'ampliamento dei cantieri navali di Napoli e la nascita di quelli di Castellammare;

Le officine di Pietrarsa per la costruzione dei primi treni su rotaie. Infatti sarà proprio la nostra città con la tratta Napoli-Portici dove c'era la reggia di caccia dei Borboni ad essere la capostipite dello sviluppo dei trasporti su rotaie.

A queste istituzioni vanno aggiunte le grandi opere urbanistiche promosse per la grandezza del regno e della città da Carlo III di Borbone:

Il teatro San Carlo del 1737

La Reggia (1738) e il bosco di Capodimonte

La villa reale di Portici del 1738

La reggia di Caserta ad opera di Luigi Vanvitelli iniziata nel 1752

L'ospizio per i poveri del regno in piazza Carlo III

La sistemazione del molo borbonico

L'apertura della strada di Mergellina

L'apertura della strada della Marinella

La sistemazione del mercatiello (oggi Piazza Dante)

La costruzione dell'edificio dell'Immacolatella nel porto di Napoli

Tra tutte le opere urbanistiche riportate nell'elenco citato è da richiamare per l'occasione l'attenzione sulla reggia di Capodimonte con il suo annesso parco che è stato "modellato" a partire dalla prima metà del '700 su una preesistente secolare vasta superfice boschiva.

La reggia (oggi prestigioso museo) sorge in una zona collinare della città sita a monte del Vallone della Sanità, che prima della dominazione francese (1806-1815) separava fisicamente la zona a nord di Napoli da quella a sud. Sotto il regno di Gioacchino Murat le due sponde del vallone furono unite da un ponte detto ancora oggi "dei Francesi" di modo da congiungere il prosieguo a nord di Via Toledo con l'arteria che portava a Capodimonte. Con l'insediamento a Napoli di Carlo III (!734) la zona divenne sede regale di caccia. Il bosco in un primo momento fu sede di foresterie, animali esotici e di allevamenti italiani, poi nel 1738, su progetto dell'architetto Medrano (lo stesso del Teatro San Carlo) il sovrano fece dare inizio alla costruzione della reggia con lo scopo principale di allocarvi le opere d'arte della collezione Farnese, ereditata dalla madre.

La costruzione della reggia e la sistemazione del parco andarono avanti per alcuni decenni terminando nell'assetto attuale nel 1838. Oggi l'ex-raggia è una delle sedi museali più prestigiose della città. Presso di essa si possono ammirare: le porcellane e le maioliche della fabbrica di Capodimonte, di epoca borbonica; gli arredi in stile Napoleone voluti da Murat; le armature medioevali; gli arazzi di scuola napoletana; le collezioni di monete e tante altre opere d'arte, frutto di donazioni e acquisti nel tempo. Perla museale è la pinacoteca che nelle sue vaste sale accoglie opere d'arte di vari secoli eseguite dai grandi maestri della pittura italiana nonché una vasta rassegna di dipinti dell'ottocento napoletano.

Per arrivare alla reggia consiglio di raggiungere piazza Dante con metropolitana o bus e da qui proseguire in bus per Capodimonte, scendendo a Porta Grande che assieme a porta Piccola, sul lato est del bosco, costituisce l'accesso alla reggia e al parco.

Preso fiato e bevuto un bicchiere d'acqua del Serino riprendo la narrazione sottolineando la mancanza nell'elenco riportato di una disciplina scientifica di importanza vitale per la popolazione: quella medica. In proposito è da ricordare che anche nella medicina Napoli e la Campania avevano già espresso punte di eccellenza a partire dalla scuola medica di Salerno di cui viene ricordato il famoso trattato "Flos Medicinae" varie volte pubblicato in Europa tra il X e il XI secolo.

A riguardo è interessante riportare che tra le tante conoscenze della scuola, presso cui operavano rinomati "medici", vi era anche quella riguardante la tecnica dell'anestesia di scuola araba. Tale tecnica venne poi abbandonata nel Medio Evo, per essere successivamente ripresa con cognizioni e tecnologie avanzate in epoca moderna.

All'influsso della scuola salernitana sulla medicina del tempo vi sono poi da aggiungere a Napoli i numerosi ospedali (laici ed ecclesiastici) presenti in città e le varie farmacie degli ordini monastici. Per importanza e bellezza artistica è da menzionare, a riguardo, la farmacia settecentesca dell'ospedale "degli Incurabili", così chiamato perché a disposizione delle persone che non avevano i mezzi finanziari per curarsi. Fra le tantissime personalità che esercitarono l'arte medica a Napoli sono da ricordare, nei secoli scorsi, Antonio Cardarelli, al quale è dedicato in città il più grande ospedale del meridione e Lorenzo Bianchi che diresse uno dei primi ospedali psichiatrici d'Italia, rivestendo nel 1905 anche la carica di ministro dell'Istruzione pubblica.

Tuttavia, pur se a partire dalla scuola di Salerno la medicina aveva fatto passi da gigante nei secoli successivi, sul finire del 1800 mancava ancora un importante tassello di base a suo sostegno: la biologia, di cui Napoli fu laboratorio privilegiato a partire dal 1873, con la fondazione della Stazione Zoologica Anton Dohrn.

La storia inizia così: siamo sul finire del XIX secolo e nel primo nucleo dell'edificio in stile neoclassico che si erge davanti a voi sull'ex spiaggia di Chiaia, inizia la storia affascinante di una nuova disciplina: la biologia marina che nella **Stazione Zoologica Anton Dohrn** di Napoli trovò la sua culla internazionale di incubazione. La nascita della Stazione Zoologica ha inizio per opera di uno zoologo amico contemporaneo di C. Darwin, il prussiano di Stettino Anton Dohrn. La passione per i suoi studi lo portò in giro per l'Italia per trovare un sito vicino al mare, dove a proprie spese potesse costruire un edificio da adibire a laboratorio sperimentale. Lo scopo era di concentrare e supportare in un centro attrezzato gli scienziati sparsi nel mondo, che affascinati dalla teoria di Darwin sull'evoluzione della specie, prendevano a modello per i loro studi di osservazione e sperimentazione gli esemplari marini. Il tutto, secondo le intenzioni del fondatore, doveva autoalimentarsi economicamente nel tempo con i proventi di un acquario aperto al pubblico (uno dei primi in Europa - 1873) e sull'uso di laboratori attrezzati dati in affitto a ricercatori e istituzioni straniere che beneficiando di un adeguato supporto tecnico-logistico in loco versavano alla cassa dell'istituto una retta per il loro soggiorno di studio e sperimentazione. La scelta di Napoli fu dunque dovuta a specifici requisiti. Primo, un entroterra culturale accademico favorevole all'iniziativa; secondo, l'individuazione di una città a forte tasso di flusso turistico nazionale e multinazionale come potenziale bacino di visitatori per l'Acquario; terzo, un mare che offriva a portata di barca un ricco e variegato patrimonio ittico necessario alle osservazioni scientifiche.

Su questi tre elementi che possiamo senz'altro definire come una prima cellula di organizzazione aziendale moderna autogestita, si sviluppa l'iniziativa di A. Dohrn che per tutta la vita lo assorbirà in un dispendio di energia e di denaro.

Avuta dal comune la concessione gratuita di un suolo sulla spiaggia di

Chiaia (allora non c'era ancora la colmata di via Caracciolo) A. Dohrn con una cerchia ristretta di amici si mise all'opera per la costruzione del primo nucleo dell'attuale complesso che comprendeva: un piano interrato per gli impianti tecnologici; un piano terra con l'acquario pubblico; un primo piano a laboratori e uffici, più un salone di rappresentanza per incontri conviviali; un secondo e terzo a laboratori di osservazioni e sperimentazione. A questo primo nucleo in stile neoclassico con loggiato ad arco su via Caracciolo si sono aggiunti nel corso del tempo a destra e sinistra altre due costruzioni che ne definiscono, rispettando l'architettura iniziale, l'attuale aspetto definitivo.

In questo istituto su cui si sono modellati dopo la sua fondazione altri centri simili in Europa e in America hanno soggiornato e studiato ricercatori provenienti da varie parti del mondo, compresi diciassette premi Nobel, tra i quali la compianta Prof.ssa **Rita Levi Montalcini**.

Tra i tanti personaggi che hanno fatto la storia dell'Istituto ricordo qui una figura atipica nel mondo della comunità scientifica della stazione: un giovane aiutante di laboratorio, **Salvatore Lo Bianco** il quale, entrato a servizio dell'istituto seppe da autodidatta conquistarsi una laurea honoris causa per la sua particolare tecnica di conservazione delle specie da osservare, che la Stazione, grazie a questo giovane talento fatto in casa, esportava in altri istituti nel mondo ricavandone benefici relazionali e di carattere economico.

Una menzione a parte va anche ai "disegnatori" dell'istituto, che nei primi decenni di vita della Stazione illustrarono in modo mirabilmente scientifico-artistico i tanti esemplari marini oggetto delle prime osservazioni a microscopio che la ditta tedesca Zeiss sperimentava presso l'istituto in collaborazione con i ricercatori della Stazione. Fra tutti gli illustratori eccelse **Giacomo Merculiano** le cui tavole sono ancora oggi oggetto di grande ammirazione.

Un luogo da visitare su prenotazione presso la biglietteria dell'acquario è la **Sala degli Affreschi**, chiamata così per le pitture murali eseguite dall'artista tedesco Hans von Marées, che qui in varie scene raffigurò il mito solare del paesaggio mediterraneo ponendo a centro del ciclo pittorico una scena raffigurante Anton Dohrn attorniato dagli amici più stretti che collaborarono alla costruzione dell'edificio. La sala è il simbolo del sogno romantico di A. Dohrn, il luogo ideale di incontro tra l'arte e la scienza che hanno alla base del loro essere un comun denominatore: lo spirito creativo dell'uomo. Dal 1992 l'istituto con la sua sede distaccata nell'isola d'Ischia è un ente pubblico di ricerca operante nel campo della biologia marina sotto la vigilanza del Ministero della Ricerca e dell'Università (MIUR).

Logo della Stazione Zoologica è il cavalluccio marino, *Hippocampus hippocampus*, simbolo di fedeltà e di amore per la prole generata.

A riguardo della sede di Ischia vi è da dire che essa fu costruita dagli eredi di Anton Dohrn nel 1905 come villa di vacanze per la famiglia e gli ospiti che frequentavano l'istituto di Napoli. Dopo la guerra del 1915-18, lo stato italiano requisì gli stabili di Napoli e di Ischia. Quest'ultimo venne poi ampliato e trasformato in laboratorio di ricerca nel 1968. Presso questo laboratorio, negli anni '70, fu iniziato, a cura di ricercatori della Stazione, lo studio sistematico delle praterie sommerse di *Posidonia oceanica*, grazie al quale questa pianta endemica del Mediterraneo, per i suoi effetti benefici sull'ambiente marino, oggi è annoverata tra le specie protette del pianeta.

A riconoscenza dei molteplici studi e dell'azione svolta dai ricercatori della Stazione Dohrn presso la sede di Ischia, da alcuni anni il locale comune ha intitolato l'ultimo tratto di strada che conduce al laboratorio sulla riva destra di Ischia Porto alla memoria della Dott. Lucia Mazzella (nativa dell'isola) che lo diresse per circa quindici anni a cavallo tra il 1986 ed il 1999.

Durante tale periodo furono promossi studi ed iniziative tese alla conoscenza dell'ambiente marino con particolare attenzione alle praterie sommerse del Mediterraneo iniziando fondamentali ricerche per l'istituzione del parco marino nel Golfo di Napoli denominato *Regno di Nettuno*.

Oggi, grazie all'azione svolta dall'istituto in quegli anni, il patrimonio di biodiversità che caratterizza le isole flegree è sottoposto a tutela ambientale.

Con lo stesso spirito di riconoscenza e testimonianza, un ceppo, nella pineta di Ischia, alle spalle del cinema Excelsior, ricorda da vari anni il fondatore della Stazione Anton Dohrn per le sue frequentazioni dell'isola.

Restando in tema, agli odierni frequentatori dell'isola amanti del mare è da suggerire una visita al Museo del Mare di Ischia Ponte ove, oltre ad altre notizie sulla Stazione, potranno ammirare foto, reperti e modellini navali di autoctono richiamo all'habitat marino ed alla storia "marinara" dell'Isola.

Incisione del 1873 raffigurante il primo corpo di fabbrica della Stazione Zoologica Anton Dohrn sulla spiaggia di Chiaia.

Villa Dohrn (1905) sul porto d'Ischia trasformata in laboratorio di ricerche nel 1968. Olio su tela dell'autore, cm 50 x 70

Scena III

Da piazza Vittoria a piazza Garibaldi
(percorso in bus o tram)

Finita la panoramica a sfondo scientifico, prima di far ritorno col mio malcapitato gruppo in piazza Vittoria, trovandomi in loco, riferisco alcune brevi notizie sul complesso di Villa Pignatelli, che sorge proprio di fronte la Stazione Zoologica, al di là della strada oggi detta Riviera di Chiaia. Questa costruzione, risalente al 1826, fu fatta realizzare da Ferdinando Acton, nipote di John Acton, ministro del Re Ferdinando IV, come residenza estiva per la famiglia. Realizzata su volere della proprietà, secondo i canoni neoclassici, ebbe vari proprietari tra cui, per ultima, la nobile famiglia Pignatelli, la quale nel 1960 la donò allo Stato italiano. Attualmente la struttura, con una caratteristica facciata in stile pompeiano che dà su un ampio giardino, è sede museale. Vi si possono ammirare raccolte di ceramiche provenienti dalla Sassonia, porcellane di Capodimonte, orologi del '700 ed una pregevole collezione di carrozze risalente alla fine dal 19mo secolo. Spesso la villa è sede di alto richiamo artistico.

Sempre in loco, poco distante da Villa Pignatelli, è da menzionare la chiesa di San Pasquale a Chiaia, nell'omonima piazzetta fatta edificare nel 1749 da Carlo di Borbone e sua moglie Amalia di Sassonia, a ringraziamento per la nascita dell'erede maschio. La chiesa oggi si presenta annessa ad un piccolo convento francescano nel cortile del quale, nel 1950, fu riprodotta una piccola grotta a richiamo di quella di Lourdes, dove una statua della vergine in un'oasi cittadina di pace e silenzio è fonte di devozione e muta preghiera.

Ora però, tra le tante altre chiese della zona "Chiaia – Mergellina" non possiamo lasciare questi luoghi senza fare un doveroso riferimento ad una più antica e celebre di Napoli: la chiesa di Piedigrotta, alle spalle del mausoleo di Virgilio, della quale l'attuale versione architettonica rappresenta l'epilogo di un lungo cammino a tappe di rifacimenti e disfacimenti iniziato nel 1200 e terminato nel 1937 con la ricostruzione del campanile. Per questa chiesa sorta sul posto di un'antica piccola grotta, già luogo di preghiere nel XIII secolo, dove la tradizione popolare vuole fosse apparsa varie volte la Vergine Maria, il popolo napoletano ha sempre avuto particolare devozione, tanto che fino agli anni '60 del 1900 è stata meta annuale di pellegrinaggio cittadino "infarcito" da cortei di feste popolari con *triccabballacchi*, tambutelli, *sciosciamocca* e carri allegorici. Per la festa di Piedigrotta, che si svolgeva lungo le vie di Napoli sino a raggiungere il santuario, molti noti musicisti hanno composto, negli anni, melodie che hanno varcato i confini della città, tali da costituire un vasto repertorio canzonettistico antesignano del più blasonato Festival della Canzone Napoletana.

Dopo questa divagazione su un'antica tradizione popolare riprendo il cammino a ritroso rispetto all'andata, facendo ritorno col gruppo in **piazza Vittoria,** dove propongo alla comitiva a seguito di prendere un tram o un bus che, superata la galleria della Vittoria, ci porti costeggiando il porto a Porta Capuana, nel lato est della città da dove inizieremo una passeggiata alla scoperta della polis greco-romana.

Dopo essermi fornito di biglietti da convalidare, mentre aspettiamo il tram illustro un po' la piazza: al centro di questa troviamo la chiesa di Santa Maria della Vittoria **(4)** da cui la piazza prende il nome. La chiesa fu eretta nel 1572 a ricordo della vittoriosa battaglia di Lepanto del 7 ottobre 1571 in cui le armi cristiane sconfissero definitivamente i turchi che premevano nel Mediterraneo. A riguardo è da menzionare che il papa Pio V, per ricordare l'avvenimento al mondo cristiano e alla posterità, istituì la festa del S.S. Rosario che ogni anno viene ancora celebrata nella prima domenica di ottobre con una messa a mezzogiorno (ora della vittoria sui turchi) in onore di un quadro della Madonna del rosario posto nella basilica di Pompei.

A destra, prospicente il mare, si trova un'antica colonna spezzata, rinvenuta agli inizi del XVII secolo e ivi collocata nel 1914 a ricordo dei caduti del mare. Al centro il busto di **Nicola Amore**, insigne avvocato della rinomata scuola forense napoletana, nonché sindaco della città dal 1883 al 1889 e autore del risanamento urbanistico della città di primo novecento. A questo punto, prima di lasciare definitivamente la piazza, per gli amanti del bello al maschile è da menzionare in loco un famoso negozio di cravatte le quali, per la bellezza e la qualità dei tessuti nonché per l'alta finitura artigianale, hanno varcato i confini di Napoli divenendo delle vere e proprie icone "DOC" al collo di regnanti e personaggi VIP internazionali. Invece, per le signore amanti dell'alta moda, si consiglia uno shopping di classe in Via Calabritto e Piazza dei Martiri, poco distante da Piazza Vittoria ove, presso negozi griffati, potranno ammirare o acquistare abiti, scarpe, borse e gioielli di alta manifattura regionale ed internazionale.

Il tempo di terminare ed ecco il tram che arriva.

Saliti a bordo attraversiamo la galleria della Vittoria del 1929 sbucando dopo circa un chilometro davanti al molo Beverello, ammirando dal finestrino il lato sud del Maschio Angioino e sulla sinistra Piazza Municipio e Castel S. Elmo con il museo di San Martino in lontananza sulla collina del Vomero. Superata la piazza vediamo le moderne costruzioni lungo via della Marina passando sulla sinistra davanti la chiesa di S. Maria di Portosalvo del 1564 **(5)** per poi giungere davanti al varco portuale dell'Immacolatella di fattura borbonica e, dopo il varco di Porta di Massa, così chiamato per i natanti che vi venivano a commerciare dalla vicina Massalubrense, sbirciamo **piazza Mercato**, teatro di molti eventi nefasti di vita cittadina.

In questa grande piazza utilizzata attualmente come un grande spazio commerciale si trovano due chiese simbolo della storia di Napoli, quella di **S. Eligio (6)** di stile gotico risalente al 1270 e quella del XIII secolo della **Madonna del Carmine (7)** ristrutturata in stile barocco. Presso quest'ultima sono sepolte le spoglie regali di Corradino di Svevia (nipote di Federico II che scese in Italia per rivendicare il regno di Napoli usurpato dagli Angioini) e fino al 1799 anche quelle del plebeo **Masaniello** (una spoglia lapide ne ricorda il luogo di sepoltura), che nel luglio del 1647, per dieci giorni fu a capo di un'insurrezione di popolo nata per l'esoso regime fiscale spagnolo sui generi di prima necessità.

Il successo insurrezionale giocò però un brutto scherzo al capopopolo Masaniello che per vanagloria si montò troppo la testa, per la qualcosa gli stessi sostenitori che agli inizi lo avevano aiutato nell'impresa rivoluzionaria, con uno stratagemma gliela mozzarono esibendola come trofeo davanti alle autorità vicereali al grido *"Viva o' Re!"* (…e pensare che i congiurati che attuarono la decapitazione erano gli stessi che dieci giorni prima avevano tramato con Masaniello per abbattere il regime spagnolo!).

Nella piazza il 15 luglio di ogni anno si tiene una festa in onore della Madonna del Carmine, con l'incendio del campanile. Quest'evento risale a molti secoli fa ed è senz'altro, assieme alla processione della Madonna dell'Arco e all'andata al Santuario di Montevergine, quello che più rappresenta ancora oggi lo spirito di fede popolare napoletano sempre a confine tra sacro e profano.

Superata la piazza, il tram su cui stiamo viaggiando gira per corso Garibaldi passando davanti la stazione vesuviana da dove partono e arrivano i treni per Portici, Ercolano, Pompei e Sorrento e per comuni dell'entroterra vesuviano. Chi ha tempo per visitare questi siti prima di giungere ad Ercolano e Pompei può scendere a Portici, per ammirare la reggia di caccia dei Borboni e le splendide ville dell'aristocrazia napoletana del '700 (famosa quella Campolieto), o proseguire con mezzi locali per un'ascensione al cratere del Vesuvio. Qui "sull'arida schiena, del formidabil monte, sterminator Vesevo", situata sulla collina dei Camaldoli a Torre del Greco, è stata riaperta al pubblico nel 2012 **Villa Leopardi** dove il poeta recanatese durante il suo soggiorno a Napoli si rifugiò per sfuggire all'epidemia di colera del 1836 scoppiata in città e in cui trovò ispirazione per la famosa poesia La Ginestra, suggeritagli da una tipica pianta del paesaggio vulcanico.

(la stazione della Vesuviana è collegata alla Stazione Centrale con la fermata di Piazza Garibaldi).

Frontale del 1573 dell'antica fontana del Formiello alle spalle di Castel Vecchio. Foto dell'autore.

Scena IV

Da Piazza Garibaldi a Castel Vecchio
(con sosta presso il castello)

Superata Porta Nolana, zona attuale di commercio multietnico e vetrina espositiva all'aperto con banchi di pesce proveniente dal mercato ittico partenopeo, arriviamo a **Piazza Garibaldi** con la statua sulla sinistra dell'eroe dei due mondi che regalò, GRATIS, ai Savoia Napoli e il regno delle due Sicilie. Sulla destra si ammira la stazione centrale immersa in una piazza di moderna immagine architettonica a sugello del congiungimento della nuova metropolitana di Napoli con la stazione centrale. A piazza Garibaldi scendiamo e imbocchiamo via Alessandro Poerio, personaggio di spicco dei moti costituzionali del 1820.

Fatti pochi passi, erudisco il gruppo su un importante complesso in zona di assistenza all'infanzia: l'Annunziata (8), sorto nel 1343 su iniziativa di due gentiluomini napoletani, i fratelli Nicolò e Iacopo Scondito, che ottennero il sostegno della Regina Sancha di Mayorca, moglie di Roberto d'Angiò, a costruire un centro assistenziale in una zona oggi a ridosso dell'attuale Piazza Garibaldi. Il complesso, con chiesa e annesso ospedale, è noto a Napoli e provincia non tanto per la sua architettura quanto per la funzione di assistenza sociale che svolgeva a favore della popolazione e delle ragazze madri. In particolare, retaggio di quella umana assistenza, fino agli inizi del novecento è una feritoia sulla facciata a livello basale dietro la quale una specie di piatto girevole a scomparsa, "la ruota", raccoglieva nella massima discrezione gli infanti abbandonati che anonime madri senza esser viste o inseguite lasciavano nella buca sul piatto. A ben riflettere, se tale istituzione ci fosse ancora, molto probabilmente alcuni feti di bambini che vengono trovati in strada, nei cassonetti della spazzatura d'era moderna, avrebbero miglior destino: ma come si sa la morale comune ha sempre un valore temporale relativo.

Tornando all'infante, bisogna sapere che appena la ruota veniva girata, il neonato era subito battezzato con un nome e cognome che le suore o il personale addetto sceglievano per lui, riportandolo in un apposito registro. Molti bambini, divenuti adulti, spesso sono ritornati in questo luogo alla ricerca del loro vero cognome. Un orfanello illustre, figlio dell'Annunziata, è stato il grande scultore napoletano Vincenzo Gemito. Gli ambienti e alcuni registri di nascita sono tutt'ora visibili presso la struttura (ingresso libero).

Dopo aver informato sulla "ruota", si prosegue per Via Alessandro Poerio, sbucando poco dopo in piazza Enrico De Nicola, primo presidente della Repubblica Italiana dopo il plebiscito del 1946 che sancì la fine di casa Savoia. Qui si trova **Porta Capuana** la cui originaria collocazione era un poco più avanti all'inizio di via Tribunali. Questa porta ad arco di epoca aragonese (1484) con due torri circolari laterali che simboleggiano l'onore e la virtù, valori oggi abbastanza desueti, fu costruita in sostituzione dell'antico varco greco-romano, che era l'accesso più importante ad est della città in quanto si affacciava in direzione della piana vesuviana che dava verso Capua e nelle zone interne della Campania. Da questo varco nel corso dei secoli sono passati quasi tutti gli eserciti e i conquistatori che hanno dominato sulla città di Napoli e sul meridione d'Italia. Lasciata la vista di Porta Capuana, osserviamo il retro di Castelvecchio, detto anche dei Tribunali, che porta incastonata nelle sue mura posteriori una fonte d'acqua chiamata **del Formiello**, che era presente in loco già ai tempi della regina Giovanna II (1327-1382) del ramo Angioino-Durazzo. L'antica fonte, nel 1573, venne sistemata nelle forme attuali. Essa erogava acqua pubblica alla popolazione e ad alcuni mulini della zona. L'acqua arrivava alla fontana proveniente dalla zona di Volla attraverso l'acquedotto della Bolla, costruito molti e molti secoli prima dai greci cumani.

Costeggiando il castello lungo il fianco sinistro (via P. Colletta), lasciandoci alle spalle la chiesa di **Santa Caterina a Formiello (9)** e in zona quella di **San Giovanni a Carbonara (10),** sbuchiamo davanti al suo ingresso principale, il cui portale si affaccia proprio davanti alla strada più importante dell' antica città di Neapolis. La strada, oggi via Tribunali, in epoca greca era detta plateiai, poi in epoca romana prese il nome latino di decumano maggiore, forse, per la sua carreggiata più larga rispetto ad altri due decumani, superiore ed inferiore, che a poche centinaia di metri l'uno dall'altro affiancano in parallelo ancora oggi il decumano maggiore.

A questo punto, però, prima di addentrarci nel cuore della città antica di *Neapolis*, richiamo l'attenzione su una vicina strada di storica importanza, fuori dal nostro percorso: **Via Carbonara**. Questa arteria che oggi congiunge via Foria con Porta Capuana, al tempo della città greco-romana si trovava fuori le mura di difesa ed era utilizzata come sversatoio ed inceneritore all'aperto per i rifiuti cittadini. A pensarci bene era un'antica ecologica discarica senza problemi di percolato ed ecoballe! Lungo questa strada, a ridosso delle mura interne, esistevano alcuni insediamenti tra cui, si dice, un pozzo e la bottega di un sarto che le cronache dicono essere stati in epoca medioevale i terminali di un condotto sotterraneo sconosciuto ai più, ma utilizzato nel corso della storia due volte per la presa della città: la prima ad opera del generale bizantino Belisario e la seconda da Alfonso D'Aragona. Presso quest'arteria si trova la chiesa di **San Giovanni a Carbonara (10)** del 1343, ove si può ammirare il ricco monumento funebre di re **Ladislao Durazzo** e quello di Sergianni Caracciolo, amante della regina Giovanna II Durazzo, nonché di altri nobili di questa casata.

Simulazione della pianta Greco-romana di Neapolis

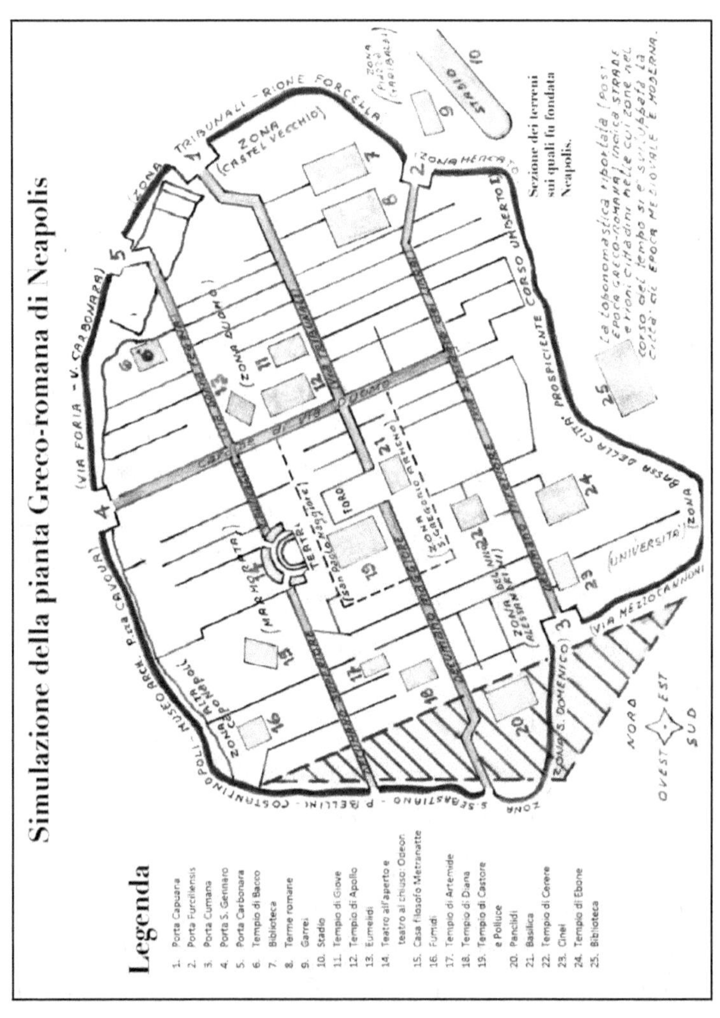

Rielaborazione grafica della pianta di Neapolis a cura dell'autore.

Scena V

Da Castel Vecchio a piazza Bellini
con sosta nella piazza

A questo punto Virgiliano e il suo assistente invitano il gruppo ad entrare nel cortile di Castel Vecchio dove accomodarsi per una lunga sosta di ristoro e di notizie storiche. Qui la comitiva comodamente seduta nel cortile del palazzo sulle sedioline a seguito, riceve in regalo da Virgiliano una piantina simulante la vecchia Polis greco-romana ed ascolta pazientemente la descrizione della zona, propedeutica alla visita successiva a piedi. Inizia l'assistente laureato, al quale Virgiliano in un impeto di generosità dà spazio di esibizione.

Il giovane Gennarino, cogliendo al balzo l'occasione, così brevemente esordisce:

"Castel Vecchio, detto anche Castel Capuano, era in origine una fortezza che troviamo già presente in loco in epoca ducale (763-1139), ampliata da Ruggiero il normanno e successivamente adibita, anche se per poco tempo, a reggia angioina e poi aragonese. Durante queste reggenze che favorirono la costruzione e l'ampliamento della nuova sede di Castel Nuovo nell'attuale piazza Municipio, la vecchia fortezza venne gradualmente abbandonata come sede regale divenendo prima prigione e poi sede dei vari tribunali esistenti in città. Castel Vecchio durante la dominazione spagnola era detto anche Vicaria perché sede affidata ad un vicario del re di Spagna Carlo V che, con la sua longa manus, governava un regno così vasto su cui a ben ragione si diceva "il sole non tramonta mai". Ciò per intendere che era re in Europa, in Africa e in alcune nuove terre conquistate dagli spagnoli nelle Americhe del Sud. Alla fine il "non tramonta mai" era solo un'espressione riferita al fuso orario! Per la cronaca, Carlo V d'Asburgo (1500-1558) erede dinastico di vasti imperi nel mondo, per il suo gran da fare visitò Napoli una sola volta: il 25 novembre 1535. Per la qual cosa, la città durante il lungo periodo di dominazione spagnola (1503-1707) fu sempre governata da suoi vicari, cioè i famosi viceré di Napoli, di cui Don Pedro di Toledo resta il più degno rappresentante". Da visitare la cappella della Sommaria decorata da Pedro Rubiales e il salone dei busti.

A questo punto, finita la dissertazione del giovane talento, sorge spontaneo dal gruppo un applauso di incoraggiamento, a cui fa seguito l'entrata in campo di Virgiliano, che così esordisce:

"Per prima cosa, per avere un'idea di qual era la conformazione del terreno su cui fu fondata Neapolis nell'area in cui ora ci troviamo, diamo uno sguardo alla cartina in regalo che, a grandi linee, riporta un'estensione di terreno di forma ovale con superficie inclinata. I terreni a sud lambiti dal mare, partendo dall'attuale Corso Umberto, salivano attraverso i cardini (oggi i vicoli) verso l'altura che si affaccia su via Foria (zona a nord all'altezza dell'ospedale degli Incurabili), e risultavano chiusi ad est da via Carbonara e ad ovest da via Mezzocannone, via San Sebastiano e via Costantinopoli. Quelli invece sottostanti l'altura nel lato nord (via Foria) si trovavano fuori dalle mura di difesa della città ed ospitavano varie aree sepolcrali di cui restano testimonianza le catacombe di San Gennaro accanto alla chiesa di Santa Maria del Buon Consiglio (Capodimonte) e quelle di San Gaudioso presso la chiesa di Santa Maria, nel vallone della Sanità. Tutti i siti sono visitabili tramite pagamento di ticket, con guida in loco. In proposito corre voce che il grande attore napoletano Totò, che era del rione Sanità, avesse preso spunto da uno di questi luoghi cimiteriali in cui venivano tumulati nobili e plebei per la sua famosa poesia dialettale:

'a livella.

Ritornando a *Neapolis* bisogna dire che il perimetro della città antica era munito di possenti mura di difesa, che partendo a destra e a sinistra del varco greco-romano preesistente Porta Capuana si ricongiungevano con **Porta Cumana** (abolita nel Medioevo) sita nella zona ovest all'altezza più o meno di piazza S. Domenico maggiore. Naturalmente lungo il tracciato vi erano anche altre porte di accesso, di cui per brevità ricordo solo porta S. Gennaro di epoca medioevale ancora visibile in via Foria. Delle mura di cinta di epoca greco-romana restano testimonianza di eccellenza i ruderi che si possono ammirare in una fossa a vista sotto il livello stradale di **Piazza Bellini**.

La pianta interna di *Neapolis*, disegnata dall'architetto greco Mileto di scuola pitagorica (a questi si attribuisce anche il disegno della pianta di Atene), presenta una superficie a reticolo con tre arterie principali: plateiai in greco e decumani in latino, intersecate da nord a sud da una serie di stradine secondarie dette prima *Stenopoi* in greco e poi Cardini in latino, di cui attualmente i più noti di questi ultimi si indentificano nelle strade di via Duomo, San Gregorio Armeno, via Mezzocannone di fianco all'università Federico II e via S. Sebastiano. A proposito dello sviluppo urbanistico della città nei secoli è da ricordare che Napoli resta una delle poche metropoli al mondo che ancora oggi, nel 2015, può presentare una zona abitativa ad uso civile sul tracciato viario impiantato in epoca greco-romana.

A quel tempo la vita degli abitanti scorreva simile a quella delle altre città della Grecia che avevano nell'agorà (piazza), poi foro romano, il fulcro delle attività pubbliche e del commercio. Al foro si affiancavano le terme, l'ippodromo, il ginnasio e lo stadio per gli spettacoli circensi: pugilato, gare di bighe e quadrighe, lotte di gladiatori, ecc.; il teatro all'aperto e al chiuso per le attività culturali; i templi per le funzioni religiose e le tabernae di vario genere per l'alimentazione, gli svaghi e il piacere del corpo. Il tutto a disegnare il quadro di una piccola ma potente città nata greca ma destinata a mutar pelle continuamente a secondo dei secoli e delle dominazioni. La popolazione iniziale di origine greca, Pithecusana, Cumana, Campana e più tardi anche Alessandrina (per un flusso migratorio proveniente da Alessandria d'Egitto, di cui la statua in onore del fiume Nilo in uno slargo del decumano inferiore ricorda l'insediamento) era un miscuglio di razze, che lentamente, più tardi, con la conquista di gran parte della Campania da parte dei romani completata nel 338 a.C. a danno dei sanniti, lascerà il posto al nuovo idioma dei vincitori. La lenta trasformazione linguistica in chiave latina della città, strettamente connessa con quella politica ed urbanistica, durò alcuni secoli durante i quali Napoli, essendo stata riconosciuta da Roma città federata, poté mantenere ancora, seppure in un lento processo di amalgama sociale, usi e costumi di carattere greco (la lingua latina fu per prima adottata dalla città di Cuma nel 180 d.C.).

Le cose mutarono rapidamente nell'82 a.C. a seguito della guerra civile combattuta a Roma tra le fazioni di Mario e Silla, nella quale Napoli si schierò contro il vincitore: Silla. La vendetta del tiranno per la scelta fatta dalla città fu terribile: la popolazione venne quasi del tutto decimata e Napoli fu ridotta prima a municipio e poi a colonia romana con privazione della sua flotta. Ma come sempre è accaduto, lentamente la città riuscì a riprendersi e già in età imperiale la ritroviamo ad essere di nuovo una delle più importanti e belle del Mediterraneo. Poi, finita anche quest'epoca, con la caduta dell'impero romano d'occidente (476 d.C.) il cui ultimo imperatore, Romolo Augustolo, fu confinato proprio qui a Napoli, nell'ex villa di Lucullo, la città fu aspramente contesa tra i Goti e i bizantini del sacro romano impero d'oriente. Nel 553 d.C., con la conquista definitiva da parte del generale bizantino Belisario (famosa la sua presa della città attraverso un dimenticato acquedotto), Napoli passò sotto la tutela di Bisanzio che utilizzò alcuni reggenti locali detti "duchi" per il suo governo. Nel 776, grazie ad uno di questi (Stefano II), iniziò il ducato elettivo completamente indipendente da Bisanzio che, come già all'inizio accennato, comprendeva oltre Napoli, Cuma, Pozzuoli, Sorrento la terra di lavoro e le isole di Ischia e di Procida. Al ducato autonomo di Napoli durato circa quattrocento anni, seguì nel 1030 la dominazione normanna con la conquista del meridione e della Sicilia presso cui fu eletta a Palermo la capitale del regno. Ed è proprio con i normanni che inizia la sequenza temporale dei regnanti raffigurati dalle statue nelle nicchie di palazzo Reale, in piazza Plebiscito.

Dopo una ulteriore rapida visione dei luoghi e degli edifici più significativi di epoca greco-romana riportati dalla piantina in regalo, Virgiliano invita il gruppo ad alzarsi ed a seguirlo per gustare dal vivo le cose appena accennate, non senza prima avvertire i turisti a seguito che il percorso che si farà a piedi sul vecchio ma ancora attuale tracciato di

Neapolis si svolgerà commentando prevalentemente edifici, accadimenti e personaggi di epoca medioevale.

Infatti, lungo gli attuali ex decumani di tutti gli edifici di epoca greco-romana è rimasto ben poco, tranne alcuni frammenti di reperti incastonati nelle costruzioni dei secoli successivi e qualche porzione di città antica riportata alla luce da scavi recenti. Qui, a differenza di Ercolano, Pompei e Stabia che furono sepolte dalle ceneri del Vesuvio nel 79 d.C., le antiche vestigia della città sono state ricoperte nei secoli dal fango, dalle sovrapposizioni abitative di tufo e da quelle moderne in ferro e cemento.

Ed ora non resta che seguire il Pazzariello che, alzato l'ombrello con il corno "scacciamalocchio" alla punta, con linguaggio "professionale" (da vera guida!) così esordisce:

"Entrati in **via Tribunali**, incontriamo sulla sinistra il palazzo dell'archivio storico del Banco di Napoli (visitabile solo durante il periodo di maggio monumenti). L'istituzione finanziaria del banco, sorta nel cinquecento sulle esperienze dei banchi pubblici, ha rappresentato per secoli il cuore economico di Napoli e del sud Italia. Attualmente, con la fusione nel 2006, la banca è entrata nel gruppo Intesa Sanpaolo con il nome di Banco di Napoli S.p.A. A proposito dei banchi pubblici è da riportare che quando un loro gestore "sgarrava" con la clientela, egli veniva punito pubblicamente dalle autorità cittadine con il taglio delle dita: usanza certamente un po' barbara, ma di sicuro effetto. Oggi invece, in età civile ed a tecnologia avanzata, i "banchieri" che sgarrano a danno della collettività non vengono puniti ma aiutati a risanare i bilanci... "Usanza moderna" che mette in evidenza come molti antichi concetti di esemplare comprensione comune subiscano nel tempo "mutazioni" di carattere opposto!

Lasciato l'archivio del Banco di Napoli, dopo pochi passi transitiamo davanti alla chiesetta di San Tommaso a Capuana, del XVIII secolo.

Subito dopo incontriamo sul lato sinistro l'ex ospedale di Santa Maria della Pace fondato nel 1587 dai frati ospedalieri di San Giovanni di Dio che qui fecero costruire annessa alla chiesa una grande sala affrescata adibita a lazzaretto, una specie di ricovero ospedaliero per malattie infettive. Qui sulla facciata era posta una targa di uno sponsor dell'epoca che sovvenzionò l'ospedale a patto che venisse ricordato nei secoli proprio con una lapide sulla facciata.

A riguardo bisogna dire che i posteri onorarono i patti ma ciò non bastò per superare l'oblio e l'indifferenza dei frettolosi passanti. Evidentemente il nostro antico amico non conosceva ancora il detto popolare che dice: *"fa bene e scuordate… fa male e piensace"*. Superata **piazzetta Sedil Capuano** che ricorda uno dei "sedili" (un facsimile delle nostre circoscrizioni) in cui era suddivisa la città per la sua rappresentanza di zona e a cui partecipavano nobili e popolari, giungiamo davanti al **pio Monte della Misericordia.**

Questa istituzione laica fu fondata da alcuni caritatevoli personaggi della nobiltà napoletana in epoca vicereale spagnola per svolgere opere di misericordia a favore degli indigenti della città. Il tutto secondo lo spirito religioso della controriforma cattolica del XVII secolo. Questa costruzione a due piani, edificata tra il 1658 e il 1672 dall'architetto Giovan Giacomo Conforto su un preesistente palazzo, resta in città uno dei più rappresentativi edifici di architettura del XVII secolo. Infatti partendo dal porticato a cinque archi, con decorazioni dello scultore Andrea Falconi, l'edificio presenta al piano terra una chiesa a pianta ottagonale con sette altari dove si possono ammirare alcune opere di **Caravaggio** ispirate all'attività caritatevole del Pio Monte ed una sua tela in onore della Madonna della Resurrezione. Al primo piano si trova invece la cosiddetta quadreria che possiamo definire una galleria d'arte del tempo con opere del 1500 e del 1600 tra cui 41 tele del pittore napoletano **Francesco De Mura.** (visitabile a pagamento).

Superato il complesso del pio Monte, giungiamo in piazza Cardinale Riario Sforza, dove troviamo una statua di San Gennaro posta come ex voto a seguito dell'eruzione del Vesuvio nel dicembre dell'Anno di Grazia 1631. Usciti sul cardine di Via Duomo giriamo a destra come volessimo raggiungere il decumano superiore. Invece dopo pochi metri ci fermiamo per ammirare la facciata della cattedrale di Napoli: il **Duomo (11)** dove sono custodite in un'ampolla le reliquie del sangue di San Gennaro patrono della città. Attiguo alla chiesa c'è il museo con una parte del tesoro terreno del Santo, fatto da donazioni nei secoli provenienti da tutto il mondo, il cui valore commerciale si dice, sia superiore a quello della corona inglese (Fu vera gloria? Boh!).

Ultima versione della facciata in stile neoclassico del duomo di Napoli terminata nel 1905.

La fabbrica della cattedrale iniziò nel 1294 per volere di Carlo II d'Angiò e inglobò nella sua originaria costruzione a carattere gotico una preesistente chiesa in onore del Salvatore, dedicata nel IX secolo a Santa Restituta. Viceversa, un altro edificio religioso in zona, detto della Stefania, venne sacrificato per lo sviluppo della nuova fabbrica. La cattedrale, a causa dei vari interventi di rifacimento post-terremoto che hanno colpito Napoli nel corso dei secoli, nonché per la realizzazione dei vari manufatti artistici commissionati nel tempo, è stata oggetto di costanti lavori, fino a quelli ultimi del 1905 riguardanti l'assetto definitivo della facciata, realizzata in stile neogotico dall'architetto Enrico Alvino.

A riguardo dello stile architettonico d'inizio costruzione del duomo è da riportare che quasi tutta l'edilizia pubblica e religiosa della città e d'Europa, a partire dal XII e sino al XVI secolo si sviluppò secondo i canoni estetici dello stile gotico che si caratterizzava per l'essenzialità delle dimensioni verticali delle strutture, per l'impiego dell'arco a sesto acuto e delle volte ogivali: il tutto corredato spesso da grandi vetrate colorate assemblate con guarnizioni al piombo. A partire dal XVI secolo, con il cambiare della moda, molti edifici religiosi di Napoli di stile gotico, furono trasformati secondo lo stile barocco diffusosi in Europa, che fu l'opposto di quello gotico in quanto privilegiava la complessità formale della costruzione e la ricchezza decorativa degli ambienti.

Per più approfondite notizie sulla genesi e bellezza del duomo si consiglia al lettore-spettatore la visione del secondo atto. Qui vale però la pena ricordare che Santa Restituta (per una storia più esauriente della quale rimandiamo ugualmente al secondo atto), era una vergine africana che i carnefici affidarono alle onde del mare le quali, per uno strano gioco divino di correnti marine, la condussero nottetempo sulla spiaggia di Lacco Ameno, nell'isola d'Ischia, dove le venne data solenne sepoltura a da dove successivamente fu trasferita nel duomo di Napoli. In proposito, per chi volesse rivivere lo sbarco della Santa, si consiglia di recarsi ad Ischia il 17 maggio, giorno nel quale ogni anno i solenni festeggiamenti culminano in una processione in suo onore.

Tra le tante attrattive dell'isola, oltre al citato museo Pithecusano, si potrà gustare un ottimo coniglio alla cacciatora innaffiato da noti vini locali e visitare il castello Aragonese, sede di rimembranze storiche di varie epoche legate alle sorti di Napoli e di antichi splendori letterari del tempo in cui vi risiedeva la poetessa Vittoria Colonna, sposa del valoroso Ferrante D'Avalos a servizio di casa aragonese. Qui, nel primo cinquecento, il castello costituì in varie occasioni ameno rifugio lontano da guerre e pestilenze per molti personaggi di casa D'Aragona e D'Avalos, tra cui la poetessa Vittoria, presso il cui cenacolo letterario gravitavano poeti del calibro di Jacopo Sannazzaro, Paolo Giovio, Bernardo e Torquato Tasso e molti altri che decantarono in alcune loro opere l'amor cortese per le castellane e le gesta guerresche del casato. A riguardo del castello, vi è da dire inoltre che nel corso dei secoli è stato destinato a vari usi, tra i quali, nel XIX secolo, anche carcere borbonico per reati politici.

All'ingresso una lapide ne ricorda con linguaggio aulico l'uso nel tempo.

Lasciato il Duomo scendiamo lungo la strada passando sulla destra davanti l'entrata della famosa biblioteca del **complesso conventuale dei Girolomini**, la cui chiesa (**12**) del 1586 si trova dopo pochi metri rientrando in via Tribunali. Essa fu fondata dai padri dell'ordine di San Filippo Neri (quello della famosa frase: State buoni se potete) provenienti dal convento di San Gerolamo della corte in Roma. In questo tempio riposano i resti del grande filosofo napoletano Gian Battista Vico che abitò tra il 1704 e il 1718 in un palazzo della piazza, ove sorge la chiesa.

Il complesso conserva un'importante raccolta di opere pittoriche che i frati in vari tempi commissionarono a grandi artisti che operavano a Napoli quali Luca Giordano, Francesco Solimena, Guido Reni e Bernando Cavallino. Qui Virgiliano invita tutti a prenotare, secondo disponibilità di soggiorno, una visita guidata perché la stratificazione archeologica dei luoghi, la monumentalità del complesso e la bellezza degli interni spiegano meglio di qualsiasi commento la forza economica e di sapere che i numerosi ordini religiosi presenti in città hanno esercitato per secoli su Napoli. Bisognerà attendere il settecento (l'età dei Lumi) ed una casa regnante che seppure tra luci e ombre, sentiva veramente Napoli come capitale del proprio regno, i Borboni, affinché l'invadenza temporale di alcuni ordini religiosi cominciasse a cedere parte dei propri privilegi a favore di una reale missione spirituale, che non a caso ancora oggi l'attuale papa Francesco richiama costantemente nel suo rivoluzionario apostolato.

Il castello d'Ischia. Schizzo a china dell'autore, cm 21 x 15.

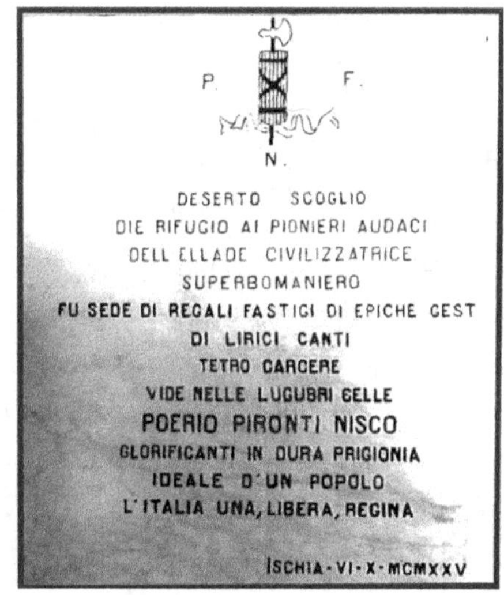

Targa in marmo posta nel 1925 all'ingresso del castello.
Foto dell'autore.

Proseguendo a scendere per via Duomo passiamo davanti agli scavi di **Carminiello ai Mannesi**, antica zona ancora tutta da scoprire, dove dopo il bombardamento aereo sulla città del 1943 furono scoperti i resti di un edificio a due piani risalente al primo secolo dopo Cristo. A riguardo si ipotizza che il complesso, nel corso del tempo, sia stato adibito a vari usi tra cui anche Tempio religioso in onore del dio Mitra, del quale esiste in loco un rilievo in stucco nell'atto in cui la divinità sacrifica un toro. La zona, poi, nel Medioevo divenne punto di riferimento per la riparazione di carri e carrozze essendovi stanziati molti artigiani dediti a questa attività. Una specie di officina all'aperto per i "meccanici" e i "carrozzieri" del tempo. Giunti in piazza Crocella ai Mannesi, ove si trova la quarta basilica di Napoli antica, dedicata a San Giorgio Maggiore (le altre erano quelle di San Giovanni Maggiore, Santa Maria Maggiore della Pietrasanta e quella dei SS. Apostoli) giriamo a destra e imbocchiamo il decumano inferiore, oggi via San Biagio dei Librai. Dopo un breve tratto, superato Palazzo Marigliano, attuale archivio della soprintendenza ai beni e alle attività culturali della Campania, arriviamo all'incrocio di **Via San Gregorio Armeno** simbolo viario o cardine d'eccellenza della Napoli di ieri e di oggi. A questo punto del percorso, per esperienza di mestiere, per non confondere le idee scindo il commento su questa strada in due parti: la prima, riguardante l'attività delle botteghe lungo la via; la seconda, concernente le chiese della zona.

Le Botteghe d'arte presepiale

La strada di San Gregorio Armeno è una delle più conosciute e frequentate dai turisti che vengono a Napoli. Il motivo è che qui possono acquistare souvenir d'artigianato di vera anima e creatività popolare portando a casa o agli amici il ricordo di una napoletanità di eco internazionale. Qui in periodo natalizio il flusso di gente è così forte che bisogna aprirsi dei veri varchi per proseguire il cammino. Ma cos'è che crea questo fenomeno?

Semplice: il presepe d'ambientazione napoletana, le statuine in terracotta di personaggi vip sulla cresta dell'onda e tutti i ninnoli di buona fortuna o contro il malocchio di cui i superstiziosi fanno incetta. Ma il vero tesoro di questi luoghi sono le numerose botteghe d'arte presepiale che si incontrano nella zona dove valenti artigiani fanno a gara nel riprodurre tutto il raffinatissimo armamentario del presepe napoletano del '700. Infatti non c'è collezionista che non vorrebbe avere in casa, sotto una teca di vetro a campana un autentico pastore dell'epoca. Il motivo sta nel fatto che queste statuine risalenti al diciottesimo secolo, di pregiatissima fattura, si differenziavano da quelle monolitiche di terracotta perché avevano uno scheletro di paglia compresso da fili di spago e di ferro sottile che le rendeva facilmente modellabili nelle più svariate posture. Su tale scheletro venivano successivamente applicati piedi, gambe, braccia e teste in terracotta con occhi in vetro, il tutto finemente modellato nelle più varie espressioni corporali.

Questi pezzi anatomici erano poi colorati con degli incarnati da fare invidia a molti personaggi di scuola caravaggesca. Fissati i pezzi di terracotta sullo scheletro di paglia, quest'ultimo veniva poi rivestito con l'abito adatto al personaggio che si voleva rappresentare, che a volte era di lignaggio nobile con finissimi vestiti ed ornamenti, ed a volte di sembianze popolari con costumi tipici dei luoghi di appartenenza. Con il tempo la semplice scenografia iniziale in cui erano posizionati questi piccoli "manichini d'autore" assunse sempre più la connotazione del paesaggio napoletano che spesso presentava tipiche abitazioni popolari che avevano al piano terra una cucina con cortile dove spuntavano vari animali domestici e al piano superiore una stanza con balcone su cui facevano bella mostra sulle pareti piennolo e' pummarole, angurie, salumi, uccellini in gabbia e panni stesi al sole. Il tutto a testimoniare un'opulenza culinaria popolare che strideva con la povertà del tempo. Ma come si sa, anche nei momenti di crisi la tavola per i napoletani resta un bene irrinunciabile. La capanna dove era collocata la sacra famiglia restava quasi sempre capanna, tranne qualche caso in cui era sostituita dai dirupi di un tempio pagano che simboleggiava la vittoria del cristianesimo sul paganesimo.

Oggi di quell'arte antica di far presepi ne sono eredi gli artigiani della zona, i quali con nuova tecnologia ma con la stessa passione e fantasia artistica degli avi, rinnovano e mantengono viva nel mondo la tradizione del presepe napoletano. Ma l'esempio più classico del presepe napoletano resta quello realizzato dall'architetto Michele Cuciniello nella seconda metà dell'ottocento ed ora esposto permanentemente presso il **museo di San Martino** attiguo a Castel S. Elmo sulla collina del Vomero a cui si può arrivare prendendo la funicolare di Montesanto accanto alla stazione per i Campi Flegrei oppure utilizzando la funicolare di piazza Augusteo in via Toledo vicino la galleria Umberto I. Profitto dell'occasione per dire che il museo di S. Martino e la fortezza di S. Elmo (1343) offrono terrazze panoramiche a 180 gradi sul golfo, dove con lo sguardo si può ammirare il Vesuvio, la costa sorrentina e l'isola di Capri, scattando fotografie degne di cartoline d'autore. Il museo di S. Martino raccoglie reperti ed opere d'arte legati principalmente agli ultimi secoli di storia della città.

Per i secoli d'età antica si consiglia la visita del museo archeologico nazionale all'inizio di via Foria che assieme ai tanti reperti di epoca antica accoglie un plastico in scala delle rovine di Pompei e una collezione egizia donata da Ferdinando I nel 1815.

In alto: esempi costruttivi di pastori del '700 con testa, mani e gambe in terracotta
dipinta.

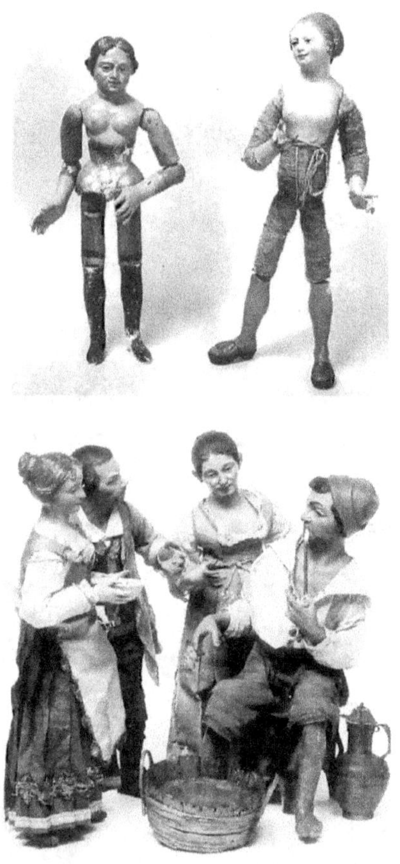

In basso: gruppo di pastori rivestiti con abiti popolari.

Via San Gregorio

Sgombrata con il pensiero la strada dal flusso di gente e dalle botteghe che vi si affacciano, via S. Gregorio ritorna il cardine antico della città greco-romana su cui in epoche successive furono edificate le costruzioni che ora passeremo in rassegna. Partendo dall'incrocio con via S. Biagio dei Librai (decumano inferiore), ammiriamo in uno slargo un po' defilato sulla destra la **chiesa di San Gennaro all'olmo (13)** del IV-V secolo, così detta per un albero di olmo posto nella zona. Oggi questa piccola costruzione ma di grande importanza storica per la zona, è sede della fondazione in onore del famoso filosofo napoletano Gian Battista Vico.

Salendo incontriamo sulla sinistra la **chiesa di San Gregorio Armeno (14)**, risalente al tardo cinquecento, classico esempio di stile barocco cittadino dove nel 1864 furono traslate le reliquie della vergine **Patrizia** nipote della madre dell'imperatore Costantino che con il suo editto del 313 d.C. permise il libero culto della religione cristiana. Questa santa, patrona al femminile di Napoli ha in comune con San Gennaro il prodigio della liquefazione del sangue. La differenza tra i due prodigi sta nel fatto che, mentre il prodigio di S. Gennaro avviene tre volte l'anno (il 19 settembre, il sabato precedente la prima domenica di maggio e il 16 dicembre), quello di S. Patrizia si realizza di martedì, su implorazione delle suore del convento e il giorno della festa della Santa, il 25 agosto.

Il percorso continua lungo alcuni palazzi e botteghe edificati sulla fabbrica dell'antico complesso conventuale fino a raggiungere il campanile della chiesa poggiante su un arco della strada. Il campanile di epoca successiva alla chiesa è inserito tra le facciate dei palazzi della strada. Prima della sua costruzione, il camminamento sull'arco, congiungeva le fabbriche del convento di San Gregorio Armeno con quelle del convento di San Pantaleone, presente in zona già nell' VIII secolo. Sui parziali disfacimenti dei due complessi conventuali si sono poi modellate nel tempo le costruzioni oggi esistenti. Superato l'arco stradale con il campanile, giungiamo all'angolo di vico Maffei dove si affaccia il portale di ingresso del chiostro di San Gregorio, a cui si accede tramite un largo e lungo scalone in piperno di suggestiva atmosfera. Alla fine della salita della strada di San Gregorio prima di risbucare sul decumano maggiore in piazza S. Gaetano, troviamo sulla destra **la chiesa di San Lorenzo Maggiore (15)**. La primitiva fabbrica risalente già al VI secolo venne riportata al suo stile gotico-provenzale originario nel 1900. Questa chiesa ospita monumenti funebri della nobiltà napoletana angioina ed è qui che **Giovanni Boccaccio** nel suo soggiorno a Napoli (1327-1340) incontrò Fiammetta (Maria d'Aquino, figlia di Roberto d'Angiò), sua musa ispiratrice nel Filocolo. La chiesa nasconde sotto il suo attuale livello stradale gli scavi di un pezzo della vecchia Napoli di epoca romana, con botteghe e strade del tempo. Questi luoghi sono testimonianza visiva di come doveva essere l'urbanistica della zona. Infatti le costruzioni riportate alla luce danno un'idea abbastanza chiara di ciò che l'antico Foro romano, oggi piazza San Gaetano, inglobava al suo interno. Gli scavi e il museo annesso sono visitabili a pagamento.

Lasciata la chiesa di San Lorenzo, giungiamo dopo pochi metri nella menzionata piazza San Gaetano con la statua del santo. Qui alle spalle della statua si erge maestosa con due scaloni laterali la **chiesa di San Paolo Maggiore (16),** che sorge sui resti di un tempio pagano commissionato da un facoltoso liberto romano a devozione dei dioscuri Castore e Polluce. Sui resti di questo tempio la chiesa cristiana fu edificata tra il 788 e il 789 d.C. e venne dedicata a S. Paolo a ricordo della vittoria della cristianità sui saraceni. Verso il 1538 la chiesa fu affidata ai padri seguaci di San Gaetano da Thiene da cui la piazza antistante con la statua del santo prende il nome. Il prospetto attuale della facciata ingloba sul sagrato due colonne del preesistente tempio pagano che sorgeva nel luogo più importante della polis greca: l'agorà dove, come già ricordato, la vita culturale, politica, religiosa, commerciale della città aveva il suo epicentro giornaliero di attività. In epoca romana all'agorà subentrò il foro romano che, pur diversificandosi nell'architettura, mantenne vivo il primato della piazza come centro propulsore della vita cittadina. Resti di architettura urbanistica e di vita quotidiana di epoca romana sono i reperti già segnalati a proposito degli scavi sotto la basilica di San Lorenzo Maggiore.

A fianco della chiesa di San Paolo Maggiore si trova l'ingresso alla Napoli sotterranea della zona orientale della città, che cala il visitatore munito di ticket a molti metri di profondità, attraverso gallerie e anfratti lungo un percorso tortuoso, un tempo acquedotto sotterraneo.

A questo punto, per restare in tema, facciamo un cenno sull'argomento dicendo che la città di Napoli in epoca romana, veniva approvvigionata d'acqua tramite una delle più grandi opere di ingegneria del tempo: **l'acquedotto augusteo**, realizzato tra il 27 a.C. e il 14 d.C. Quest'imponente opera lunga 96 km incanalava con pendenze millimetriche l'acqua del fiume Serino sull'altopiano avellinese, fino a farla raggiungere, dopo aver toccato varie località, l'abitato di Cuma. Per dare un'idea dell'importanza di tale opera basti pensare che tramite essa venivano approvvigionati ben otto centri campani: Nola, Acerra, Atella, Napoli, Pozzuoli, Baia, Miseno, Cuma e, fino al 79 d.C., anche Ercolano e Pompei. Resti di questa immensa costruzione sono gli archi dei Ponti rossi (così detti per il colore dei mattoni) presenti nei pressi di Piazza Carlo III a Napoli. Per rendere l'idea dell'importanza di quest'opera così come di tante altre analoghe che i romani costruirono in Italia, basta pensare che oggi per portare l'acqua da un punto all'altro di una città ci serviamo di potenti pompe elettriche di sollevamento che possono convogliare l'acqua a molte decine di metri di altezza, fino a raggiungere capillarmente tutti i punti idrici di un condominio (docce, bagni, lavelli da cucina, lavastoviglie, lavatrici ecc.). Al tempo dei romani, mancando l'invenzione dell'energia elettrica, l'acqua poteva essere convogliata solo per caduta per cui, partendo da un'altura, bisognava fare in modo che essa raggiungesse i mulini, i pozzi, le cisterne e le fontane pubbliche di una città distante molti chilometri dalla fonte d'origine. La realizzazione di questa vitale condizione fu quasi esclusivamente appannaggio dell'ingegno e della bravura tecnica dei romani, i quali riuscirono con ardite opere edili (i famosi cavalcavia ad archi), a superare gole e dislivelli creando un lungo percorso inclinato, in superficie o nel sottosuolo, capace di convogliare l'acqua in grandi bacini di accumulo da cui ripartire per fornire pozzi e fontane pubbliche a disposizione della popolazione. Esempio tecnico di quanto accennato è la monumentale piscina Mirabilis di Miseno che riforniva d'acqua la città e la flotta dell'impero romano di stanza nel porto. È sottinteso che per la realizzazione di tali opere che duravano anche molti anni, i romani impiegavano molta manodopera a costo zero utilizzando schiavi e prigionieri di guerra.

Finita l'epoca romana, in età medioevale molti palazzi patrizi della città attingevano ancora tramite propri pozzi nei cortili l'acqua dall'acquedotto di età augustea, le cui gallerie sotterranee, una volta esaurite le loro funzioni di contenitori idrici, vennero usate anche come celle a temperatura costante per la conservazione di derrate alimentari o come sversatoi di detriti vari. Un espediente di origine edile legato allo sfruttamento delle caverne di tufo nel sottosuolo di alcune zone (certi vizi… hanno radici antiche), era quello di usare il materiale tufaceo della roccia, facilmente lavorabile, per i palazzi di nuova costruzione, cosicché la città si ingrandiva senza che nelle zone di cantiere entrasse o uscisse materiale edile. Allora come ora, il rispetto dei piani regolatori in certi territori erano variabili dipendenti dalla discrezione dei vicini… e dalle istituzioni.

Ma ora non possiamo lasciare i palazzi della zona dove ci troviamo senza annusare un altro pezzo di teatro napoletano relativo alla figura tutta partenopea del **Munaciello**. Questi, nella credenza popolare ea un fantasma un po' bizzarro che notte tempo si vuole visitasse alcune abitazioni dispensando doni, compresi i numeri al lotto, o sottraendo oggetti e denaro alla famiglia alla quale si era "affezionato". Una specie di Babbo Natale ad umore variabile!

Ma come per tutte le leggende anche qui si è voluto trovare una spiegazione razionale del fenomeno. Infatti, a riguardo si è ipotizzato che la figura del Munaciello altro non fosse che un fognarolo del tempo. Ciò sta nel fatto che avendo molti palazzi dell'antica Napoli un pozzo nel cortile da dove si attingeva acqua dai condotti sotterranei, gli addetti alla loro manutenzione, sfruttando la conoscenza dei luoghi, potevano arrampicarsi facilmente lungo appositi appoggi sulle pareti interne del pozzo sbucando notte tempo nei palazzi senza lasciare tracce. Assolto il loro compito di benefattori o mariuoli, a seconda delle circostanze, rientravano indisturbati nelle viscere di Napoli. La faccenda andava veramente così? Vallo a sapere! In fondo ciò che conta di una leggenda è che resti leggenda, meglio ancora se di creatività napoletana.

Dopo questa piccola divagazione di napoletanità, riprendiamo il cammino lungo il decumano maggiore passando davanti la chiesetta di Sant'Angelo a Segno, edificata nel 574 e dedicata all'arcangelo San Michele che fermò l'avanzata dei barbari in città. Qui le cronache ci dicono che il 2 novembre del 1699 ebbero luogo le nozze tra il filosofo accademico G. B. Vico e Caterina De Sisto, matrimonio che si dice non sia stato molto felice per il grande divario culturale tra la coppia.

Proseguendo il cammino possiamo ammirare (si fa per dire) il porticato di palazzo D'Angiò del XIII secolo. Il suo stato di conservazione e destinazione d'uso attuale grida vendetta al pari di tant'altra per molti edifici storici della città. Il palazzo era detto anche dell'Imperatore di Costantinopoli perché Filippo D'Angiò, nipote di Re Roberto, doveva ereditare in virtù del matrimonio contratto in seconde nozze con Caterina d'Avalos il titolo di imperatore di Costantinopoli. Fatti pochi metri, incontriamo sulla destra la **chiesa di Santa Maria delle anime al purgatorio (17)**, edificata nel 1650 da una confraternita cittadina a suffragio delle anime del Purgatorio. Queste anime in standby, in attesa di purgarsi dai loro peccati prima di ascendere al cielo, sono spesso rappresentate ancor oggi con statuine fiammeggianti in alcune edicole sparse nei rioni della città. Ciò a significare come questa antica devozione popolare resiste nel tempo nell'anima napoletana.

Superata la chiesa, a pochi passi sulla sinistra, sotto il portico annerito di vico Fico al Purgatorio, è da osservare un busto di Pulcinella, collocato in situ il 20 novembre 2012 (ci verrebbe da dire il tempo si è fermato a vico Fico!). I motivi della scelta di questo luogo non mi sono noti, ma a ben riflettere è il miglior sito per sottendere alle virtù nascoste della nostra maschera cittadina: il fico per riempire la pancia è il purgatorio per espiare i peccati d'arguzia che Pulcinella metteva in campo ogni giorno per la sua sopravvivenza. Quest'ultimi tipici anche della nostra maschera quotidiana di cittadini napoletani. Superato un altro tratto di strada incontriamo sulla destra l'edificio di una scuola intitolata ad Armando Diaz (generale della prima guerra mondiale) che fu edificata nel secolo scorso sul complesso di palazzo Spinelli di Laurino, presso cui abitò uno dei più grandi studiosi umanisti del suo tempo: **Giovanni Gioviano Pontano** (1429-1503).

Vicino questa scuola si incontra il cardine di via Atri dove, dopo pochi metri sulla destra, troviamo, al civico n. 23, **Palazzo D'Arianello**, casa natia del filosofo Gaetano Filangieri, autore de "La scienza della legislazione" del 1780, messo all'indice dalla Chiesa cattolica nel 1784, che Wolfgang Goethe volle conoscere durante il suo soggiorno a Napoli tappa del suo famoso viaggio in Italia (1786-1788). A maggior lustro di tale dimora è da ricordare che in essa vi abitò dal 1900 al 1912 anche il filosofo napoletano Benedetto Croce, autore de "La filosofia come scienza dello spirito". Quattro lapidi sono poste sulla facciata del palazzo a ricordo di questi tre personaggi e del matematico Nicola Trudi. Proseguendo lungo il decumano, a pochi metri dopo la scuola Diaz, si trova sulla destra l'edificio funebre della famiglia Pontano, fatto costruire nel 1492 proprio da Giovanni Pontano che tra l'altro ebbe il merito, assieme ad altri umanisti della città, di fondare l'Accademia letteraria napoletana che successivamente prese il suo nome. Giovanni Pontano è da ritenersi per l'epoca uno dei più illustri animatori della vita culturale della città, portando l'Accademia ad un punto così alto di notorietà letteraria che presto diventò centro di attrazione nazionale per i più grandi scrittori, i filosofi e i poeti del tempo (basta ricordare Torquato Tasso, autore del romanzo epico della Gerusalemme Liberata). Quasi attaccata alla cappella Pontano, troviamo la basilica di Santa Maria Maggiore, costruita nel 533 ad opera del Vescovo di Napoli Pomponio sul suolo di un tempio pagano dedicato a Diana. Nel 1620 la **chiesa** prese il nome **di Pietra Santa (18)** perché la prima pietra di fabbrica della ricostruzione in stile barocco avvenuta nel 1620 ad opera del Fanzago recava incisa una croce. La chiesa è famosa oltre che per la sua ampiezza e il cupolone, anche per il suo campanile che è una costruzione di fabbrica realizzata intorno all'800-900 d.C. che ingloba alla base alcuni resti marmorei di preesistenti templi pagani. A riguardo è da ricordare che ci troviamo nei pressi della zona dove sorgevano i templi di epoca greco-romana. Infatti, salendo per via del Sole (toponomastica in onore di Apollo), arriviamo in una zona chiamata Capo Napoli, dove si trova l'ospedale detto degli Incurabili di epoca rinascimentale, con una famosa farmacia del settecento e un piccolo museo di attrezzi operatori. Visitabile su prenotazione. Qui, nei pressi dell'ospedale si snoda il decumano superiore, il cui percorso, per motivi logistici non è incluso nel nostro itinerario a piedi, ma di cui vengono fornite alcune notizie nel fuori programma da leggere con calma in poltrona o lungo i suddetti luoghi da chi avrà la fortuna di visitarli successivamente.

Proseguendo lungo il decumano Maggiore incontriamo la chiesa della **Croce di Lucca (19)** una parte della quale, ai primi del '900, fu sacrificata per far spazio alle costruzioni delle cliniche universitarie del primo policlinico. Pochi passi e siamo in Piazzetta Luigi Miraglia, superata la quale, finalmente, arriviamo alla chiesa di **San Pietro a Majella (20)**, con cui il decumano termina incrociando il cardine di San Sebastiano, all'altezza di Port'Alba, nei pressi di Piazza Bellini. La chiesa, costruita al principio del 1300 fu dedicata a San Pietro Angelerio da Morrone che in vita fu un eremita rifugiatosi sulla Majella, ma che la sorte volle divenisse papa nel 1294 con il nome di Celestino V. Questo papa è passato alla storia per essere stato il primo a dimettersi dalla soglia di Pietro perché come uomo dedito alla preghiera si sentiva inadeguato a ricoprire un ruolo che aveva bisogno di ben altre virtù. Un secondo esempio di "gran rifiuto", come Dante definì le dimissioni di Celestino V, lo abbiamo avuto, in qualità di testimoni privilegiati dell'epoca, dopo settecento anni di pontificato da papa Joseph Ratzinger il 28 febbraio 2013.

Il complesso della chiesa continua con la fabbrica del **conservatorio musicale di S. Pietro a Majella**, ospitato dal 1826 nell'antico convento dei frati celestini. Il conservatorio nacque dalla fusione di ben quattro conservatori musicali esistenti in città e precisamente: Santa Maria di Loreto; Pietà dei Turchini; Sant'Onofrio a Capuana; Poveri di Gesù

Cristo. Presso questa prestigiosa istituzione musicale hanno studiato e operato illustri musicisti napoletani di gloria nazionale: Giovan Battista Pergolesi, Saverio Mercadante, Alessandro Scarlatti, Vincenzo Bellini, Domenico Cimarosa e tanti altri meno conosciuti. Il conservatorio, fucina musicale per compositori, orchestrali e direttori di orchestra, possiede una ricca biblioteca di manoscritti musicali del '700; nonché un'ampia documentazione operistica più un ricco museo di strumenti musicali e di ritratti di personalità artistiche. Ad angolo del Conservatorio, in via San Sebastiano si trovano ancor oggi negozi di vendita di strumenti musicali, pallidi retaggi di una famosa arte di liuteria napoletana che non aveva nulla da invidiare a quella più reclamizzata di Cremona. Sono famosi gli strumenti ad arco (soprattutto violini e violoncelli) di Nicolò Gagliano e le chitarre classiche di Raffaele Calace.

"Ed ora, cari Signori" conclude Virgiliano, "vi è certamente più chiaro come da questo paradiso musicale in terra, anche la canzone napoletana abbia potuto trarre benefici per la sua evoluzione nel tempo".

Scena VI

Da Piazza Bellini a Santa Maria La Nova
con sosta presso il chiostro
dell'ex convento della chiesa

A questo punto abbiamo attraversato tutto il decumano maggiore, giungendo a piazza Bellini dove, come già menzionato, in una fossa al di sotto dell'attuale piano stradale, sono visibili i resti delle mura di epoca greco-romana che facevano parte del perimetro di cinta e difesa della città sul lato ovest. Ad un tratto, inaspettata, si leva una voce in dialetto di un mio concittadino a seguito, che, sollecitato dal gruppo mi dice:

"Virgilià, mo' ce'avimma fermà, perché 'e piere ce fanno male e 'a panza è vacante!"

Di fronte a tale supplichevole richiesta questa volta ci accomodiamo in un bar della piazza, dove a pochi passi di distanza vi sono vari ristoranti in cui, volendo, si può ordinare anche una pizza al forno o un ripieno fritto da portar via, comprese eventualmente anche "zeppulelle e panzarotti".

Mentre il gruppo comodamente seduto consuma un piccolo spuntino, Virgiliano imperterrito continua l'illustrazione della zona: "Oltre alle vestigia delle antiche mura greco-romane presenti nel fossato al centro della piazza, su di essa si affaccia un edificio con due scale laterali risalente al 1488, appartenuto per vari secoli alla famiglia Conca. Questo palazzo, nel 1637 fu acquistato dalle suore francescane devote di Sant'Antonio da Padova che vi eressero una chiesa in onore del santo. Di significativo interesse è l'altare in marmi pregiati e madreperla, esempio di alto barocco napoletano. Attualmente il complesso conventuale, più noto come **Sant'Antoniello (21)**, è sede della biblioteca della facoltà di Lettere".

Dopo essersi rifocillato e riposato, il corteo guidato dal pazzariello Virgiliano riprende il cammino, con un'inversione a U ritornando indietro di pochi metri fino all'altezza della cappella Pontano. Qui giunti, imbocca il cardine di vico San Domenico Maggiore che conduce diritto all'entrata dell'omonimo convento e che poco più giù incrocia via Francesco De Sanctis, dove si trova la **Cappella San Severo (22)** iniziata nel 1590 dagli avi di famiglia e ultimata dal Principe **Raimondo di Sangro** nel 1700. Personaggio quest'ultimo di crudele stravagante poliedricità con forti tendenze massoniche e istruzione alchemica, nonché "viscerale" appassionato di anatomia, il cui mito di satanica immortalità ancora oggi lo vuole, nella residua credenza popolare, fantasma notturno su un carro a galoppo in giro per la città. In sintesi possiamo definirlo un piccolo Faust o un alchemico Virgilio del XVIII secolo. Meglio però sarebbe dire, con una definizione più attendibile: il personaggio maggiormente rappresentativo del settecento illuminista a Napoli.

Presso la sua cappella quasi tutti i turisti che passano da Napoli fanno tappa per ammirarne i tesori e i segreti che nasconde, ma soprattutto per ammirare al centro del pavimento il corpo disteso di un "Cristo velato" realizzato dallo scultore Giuseppe Sammartino nel 1753. La statua, per postura plastica e raffinatezza scultorea del velo marmoreo che l'avvolge, ha poco da invidiare al Cristo della Pietà di Michelangelo. La sua bellezza era ed è tanta che una leggenda vuole che alla fine il principe, nella sua infinità bontà (SIC!) ordinò di far uccidere l'autore affinché questi non potesse realizzare in futuro opere simili a quella prodotta per lui. Infatti a riguardo le voci malevoli del tempo ci dicono che lo scultore un giorno fu trovato morto in strada trafitto da una pugnalata anonima.

La cappella ad un'unica navata a botte presenta ai lati dello spettrale sepolcro di Cecco de Sangro due statue: la **Pudicizia Velata** e il **Disinganno** di occulto significato, più vari segni di richiamo massonico e al centro la famosa scultura del Cristo Velato. Dal lato destro della cappella si accede ai locali sottostanti in cui si trovano degli scheletri ricostruiti o, se si preferisce, due ottime macchine anatomiche riproducenti in forma tridimensionale il sistema arterioso e venoso del corpo umano: un viaggio a vista nel nostro corpo che nulla ha da invidiare a quello virtuale di Superquark in TV.

Lasciata la cappella, dopo pochi metri, ritorniamo in vico San Domenico, passando davanti al portale del palazzo della famiglia San Severo.

Superato quest'edificio sbuchiamo finalmente in piazza San Domenico Maggiore dove troneggia al centro la guglia dedicata al Santo. La piazza in epoca medioevale era il centro vitale e culturale di Napoli, tant'è che su di essa si affacciano quattro palazzi nobiliari, di cui uno (**palazzo Corigliano**) oggi è sede di alcune facoltà della vicina università di studi di lingua Orientale.

La **chiesa di San Domenico (23),** che domina la piazza, fu eretta tra il 1238 e il 1324 per volontà di Carlo II d'Angiò ed è stata sede dei padri domenicani, che ebbero nel loro dotto confratello napoletano San Tommaso d'Aquino (1225-1274) uno dei massimi esponenti dottrinali con una visione laica della chiesa cattolica. Infatti, proprio tra le mura del convento, dove si conserva ancora la cella di S. Tommaso, fu istituito uno studio di alta formazione filosofica e teologica per moltissimi prelati e studiosi del tempo. La chiesa di San Domenico Maggiore, oltre l'architettura, la storia, la vasta ed importante biblioteca e le opere d'arte che raccoglie, rappresenta il luogo sepolcrale d'eccellenza per Re, Regine e dignitari della dinastia aragonese che regnò a Napoli dal 1441 al 1503. A riguardo è da visitare la grande sacrestia che su una balconata perimetrale raccoglie una serie di casse mortuarie (le arche) a forma di baule addobbate con drappi e fregi di vario colore a seconda dei personaggi che racchiude. Di tali sarcofagi se ne contano ben 45, di cui i più importanti sono quelli di Ferdinando I d'Aragona, Isabella Sforza d'Aragona, Fernando Francesco d'Avalos (marito della poetessa del cinquecento Vittoria Colonna). Adesso, prima di lasciare la piazza, ammiriamo nei suoi pressi, nello slargo dov'è collocata la statua del dio Nilo (ricordate gli alessandrini di epoca greca?), **la chiesa di Sant'Angelo a Nilo (24)** di inizio '400, ora in parte inglobata nelle mura del complesso universitario Federico II, proprio nell'angolo superiore della facciata di Via Mezzocannone. Dell'antica chiesa fatta edificare dal cardinale Rinaldo Brancaccio resta ben poco, tranne la facciata originaria inglobata nella ristrutturazione del XVI secolo. Vi si trova il monumento funebre del cardinal Brancaccio attribuito a Michelozzo da Pisa e Donatello.

Lasciata definitivamente piazza San Domenico Maggiore imbocchiamo l'ultimo tratto ad ovest del decumano inferiore passando davanti Palazzo Venezia (sede consolare a Napoli della repubblica veneziana nel 1412) e palazzo Filomarino, residenza del filosofo Benedetto Croce fino alla sua morte nel 1952, al cui nome l'ultimo tratto del decumano è oggi dedicato. Oltrepassato il cardine di San Sebastiano, ci imbattiamo subito sulla sinistra nel complesso conventuale di **Santa Chiara (25)** che presenta ben visibile il campanile di epoca angioina. La chiesa fu voluta da Roberto d'Angiò e da sua moglie Sancia di Maiorca e fu edificata dal 1310 al 1328; ad un'unica navata, riportata al suo originario stile gotico dopo il bombardamento aereo del 4 agosto 1943, racchiude i resti del monumento funebre di Re Roberto d'Angiò e di alcuni sui dignitari mentre nella prima cappella a sinistra c'è la tomba del vice brigadiere dei Carabinieri **Salvo d'Acquisto** che, il 23 settembre 1943, si immolò per salvare la vita di 22 italiani accusati ingiustamente di un attentato a dei soldati tedeschi.

Questa chiesa nel secondo dopoguerra è stata ulteriormente resa celebre da una nostalgica canzone napoletana, *Munastero 'e Santa Chiara* (*"Munastero 'e Santa Chiara tengo 'o core scuro scuro... Ma pecché, pecché ogni sera, / penso a Napule comm'era, / penso a Napule comm'è..."*), che è un altro struggente richiamo del popolo per la Napoli ridotta a macerie nelle coscienze e nell'urbanistica durante la seconda guerra mondiale. Forse fu proprio questo spettacolo di macerie e di dolore a suscitare, nel settembre del 1943, le quattro giornate di insurrezione popolare contro le rappresaglie dell'esercito nazista che costituirono il primo esempio in Italia di rivolta contro le forze nazifasciste. Ancora una volta Napoli si dimostrava generosa interprete e capofila contro i soprusi degli eserciti invasori. A riguardo, un famoso film del 1962 del regista Nanni Loi, Le quattro giornate di Napoli, ricorda la partecipazione e gli atti eroici degli "scugnizzi napoletani" durante le giornate d'insurrezione. A questi plebei figli di Napoli cui storicamente non è dato il titolo politico di "Partigiani", la città di Napoli ha dedicato un monumento in Piazza della Repubblica (nei pressi di Mergellina) a ricordo della loro ingenua eroica generosità. Per i suoi meriti di coraggio e sacrificio la città, comunque, venne insignita di medaglia d'oro al valor civile con la seguente motivazione:

"Con superbo slancio patriottico sapeva trovare, in mezzo ai lutti e alle rovine, la forza per cacciare dal suolo partenopeo la soldataglia tedesca, sfidandone la ferocia disumana rappresaglia".

"Col suo glorioso esempio additava a tutti gli italiani la via verso la libertà, la giustizia, la salvezza della patria".

Tornando alla chiesa di Santa Chiara, da non perdere è la visita al chiostro del monastero risalente al XIV secolo. Attualmente il monastero è occupato con discrezione dai frati minori francescani e dalle clarisse di clausura. Il chiostro ha un porticato laterale affrescato e lungo il suo perimetro si aprono i vani delle antiche stanze conventuali. L'ampio giardino presenta due viali che si intersecano al centro e lungo i quali vi sono una serie di pilastrini a pianta ottagonale con maioliche decorate del '700 che fino a qualche anno addietro reggevano un grande pergolato per la frescura estiva. Sotto l'ex pergolato si trovano distribuite splendide panche di pietra rivestite anch'esse di maioliche del '700 con scene agresti e paesaggistiche sulle quali i frati trovavano ristoro nella preghiera e nella meditazione. Spesso grandi pittori dell'ottocento napoletano hanno ritratto quest'oasi di pace e di bellezza. Infatti lungo San Biagio dei Librai o Spaccanapoli che si voglia, si trovano molti negozi d'arte che espongono riproduzioni di quadri del chiostro.

Lasciato il complesso di Santa Chiara con il chiostro, il suo museo, gli scavi di epoca romana, la chiesa e il campanile, ci affacciamo in piazza del Gesù dove al centro troneggia la guglia dell'Immacolata (1753) che fu il marchio distintivo della presenza nella zona e in città del potente ordine dei frati Gesuiti. Nella piazza si trova la chiesa del Gesù Nuovo, così detta per distinguerla da un'altra chiesa della zona chiamata Gesù Vecchio.

La **chiesa del Gesù Nuovo (26)** venne eretta dall'ordine dei gesuiti tra il 1584 e il 1601 sulla fabbrica del palazzo del principe San Severino di cui la chiesa attualmente conserva la facciata a punta di diamante. Del principe si ricorda che gli furono confiscati i beni da Don Pedro de Toledo per essersi opposto, insieme ad altri nobili e parte della società civile napoletana, all'introduzione nel regno dei famigerati tribunali d'Inquisizione (1510 e 1547).

La chiesa è uno dei massimi esempi di Barocco napoletano. Questa chiesa oggi è frequentata da molti fedeli, perché tra le tante cose ha alcuni ambienti dedicati a Padre Giuseppe Moscati, che fu un valente medico del secolo scorso (1880-1927), che mise a disposizione il suo sapere e la sua attività a favore dei più derelitti e che venne canonizzato da Papa Giovanni Paolo II nel 1987. I napoletani lo venerano con devozione per le tante grazie ricevute o da ricevere.

Dopo aver brevemente illustrato la piazza, Virgiliano avverte il gruppo che la sua passeggiata prosegue per via Monteoliveto, tralasciando il tratto di strada che diritto conduce all'incrocio con via Toledo, di cui comunque riporta alcune notizie di interesse generale.

Via Toledo fu voluta dal viceré di Spagna Don Pedro de Toledo nel 1536, per congiungere lungo un percorso più rettilineo ed efficiente la zona alta della città antica (Port'Alba, via Costantinopoli, S. Teresa e Museo archeologico) con largo di Palazzo (piazza Plebiscito) sede della nuova residenza dei viceré spagnoli. Nel 1871, a seguito dell'unità d'Italia il Sindaco Paolo Emilio Imbriani cambiò il nome della strada in via Roma, decisione impopolare che suscitò numerose reazioni contrarie. In città si diffuse una strofetta che recitava: «*Nu' ritto antico, e 'o proverbio se noma, rice: tutte 'e vie menano a Roma; Imbriani, 'a toja è molto diversa, non mena a Roma ma mena a Aversa*». Ciò per alludere che il sindaco, nel cambiar nome alla strada, era uscito di senno, proprio come i matti ricoverati d Aversa dove si trovava una delle prime strutture manicomiali d'Italia: la Real Casa dei Matti sorta ad opera dei Borbone nel 1813. Via Toledo, oggi percorso di shopping cittadino, parte da piazza Dante, antica zona di mercato attigua a port'Alba che conduce alla città vecchia, passando per piazza Carità, piazzetta Augusteo con la funicolare per il vomero, la galleria Umberto I, piazzetta Matilde Serao (ove si trova la sede di nascita del quotidiano di Napoli Il Mattino fondato nel 1892) fino a raggiungere Piazza San Ferdinando, snodo per via Vittorio Emanuele di fronte il teatro San Carlo, piazza del Plebiscito e via Chiaia.

Via Toledo, come ricordato, durante l'occupazione francese regnante Gioacchino Murat (1806-1815), fu congiunta con il tratto che mena a Capodimonte tramite un ponte (detto dei francesi) che scavalca il sottostante vallone della Sanità su cui insiste l'omonimo rione. Un pilone del ponte fu innalzato in uno spazio della chiesa di Santa Maria alla Sanità, deturpandone l'assetto architettonico. Il tutto è visibile con visita alla chiesa e alle catacombe di San Gaudioso.

La via fu abbellita lungo il suo percorso da molti palazzi nobiliari, per i quali l'aristocrazia faceva a gara nell'addobbare a festa balconi e facciate in occasione di visite regali in città. Alle spalle di via Toledo, nella zona che sale verso l'attuale Corso Vittorio Emanuele, si trova una vasta area a pianta reticolare utilizzata in un primo momento come accampamento militare dall'esercito spagnolo presente in città. Successivamente, al posto delle tende e delle baracche militari, sorsero molti isolati di abitazioni civili che conservano ancora oggi alla zona l'appellativo di **Quartieri spagnoli**. Con l'aumentare nel tempo della popolazione anche i depositi e i locali a fronte strada di tali palazzi furono destinati ad uso domestico generando così un'urbanistica abitativa il più delle volte priva di finestre e luce naturale che è passata alla storia come quella dei bassi napoletani. Dopo il terremoto del 1980 molti dei suddetti locali della città furono abbandonati dalla popolazione che si trasferì nei paesi vicini, diventati col tempo parte periferica della città; così come avvenne molti secoli prima con l'allargamento fuori le mura della città antica. Per avere un'idea del fenomeno immaginiamo di lanciare in uno stagno una pietra. Dal punto dell'impatto si dipartono tanti cerchi concentrici che si irradiano dal centro alla periferia, perdendosi lentamente alla vista sulla superficie dell'acqua. Un fenomeno del genere è accaduto anche sulla superficie terrestre di Napoli: dal centro antico sono partiti nel corso dei secoli tanti cerchi perimetrali che si sono scomposti in varie direzioni generando l'attuale città metropolitana di Napoli, che ufficialmente oggi conta più di un milione di abitanti. Degli antichi bassi è rimasta una certa quantità e visibilità in alcune zone della città, ove parte indigente di popolo napoletano ed extracomunitario lotta per la sopravvivenza nella faticosa ricerca di un'integrazione che la politica nazionale e le diverse culture non riescono a realizzare. A questo punto viene amaramente da pensare che la Napoli greco-romana e quella successiva delle molteplici razze dominanti era molto più avanzata e tollerante nei confronti dello straniero che bussava alle varie porte della città.

Lasciata piazza del Gesù, Virgiliano alza l'ombrello e fa segno di seguirlo lungo la discesa che dalla piazza conduce a Monteoliveto. Appena la si imbocca si ammira sulla destra palazzo Pignatelli con un appariscente portale in piperno recante a lato una targa a ricordo del soggiorno del famoso pittore francese Edgar Degas, passato nella storia dell'arte oltre per le sue famose rappresentazioni di ballerine classiche, soprattutto come anticipatore della pittura impressionista.

Finita la discesa si arriva davanti al pianolo di Via Monteoliveto all'incrocio con via S. Anna dei Lombardi dove è posta la fontana di Monteoliveto detta anche del re Carlo II o del re piccolo, iniziata nel 1668 con la supervisione dell'architetto e ingegnere Donato Antonio Cafaro. Sul pianolo alle spalle di tale fontana si trova il complesso conventuale di **S. Anna dei Lombardi (27)** (detto anche Santa Maria di Monteoliveto) (1411) formato attualmente dalla chiesa e da una parte dell'ex convento oggi occupato dai carabinieri dalla caserma Pastrengo. La chiesa a navata unica presenta lateralmente alcune cappelle nobiliari di significativo interesse tra cui la cappella Origlia in cui si trova una composizione di statue in terracotta del 1492 che mostrano tutto il loro dolore e pietà per la figura del Cristo morto, giacente al centro del gruppo. Di notevole interesse è anche la **Sagrestia del Vasari** affrescata da Giorgio Vasari e arredata con una serie di Tarsie lungo le pareti opere di Fra Giovanni da Verona nel 1506. Il complesso con una vasta area intorno, faceva parte di un'insula monastica di grande estensione coltivata a orti e giardini che in epoca borbonica venne smembrata per dar luogo ad alcune costruzioni civili.

Proseguendo si scende per via Monteoliveto lasciandosi sulla sinistra **Palazzo Orsini di Gravina** (1513-1549), dal 1936 sede della facoltà di architettura dell'università Federico II, che nel corso del tempo ha subito vari interventi e rimaneggiamenti fino a raggiungere l'aspetto attuale. Sulla facciata sono presenti i busti di alcuni membri della famiglia Orsini di Gravina. Continuando giungiamo di fronte al palazzo delle Poste Centrali che reca, decentrata su un lato della facciata, ancora la data a rilievo della sua costruzione di era fascista (1933-1936). Di fronte le scale che conducono all'ingresso principale della Posta in Piazza Matteotti, si trova la chiesa e il chiostro di **Santa Maria la Nova (28)** dove Virgiliano si ferma per una breve sosta e descrizione della zona: il complesso conventuale di Santa Maria la Nova fu così chiamato per distinguerlo da una vecchia chiesa in onore di S. Maria che si trovava a ridosso delle mura di Castel Nuovo. La vecchia chiesa venne poi abbattuta quando iniziarono i lavori di ampliamento del fossato del castello e al suo completamento i frati che la gestivano ebbero la concessione di un sito fuori le mura dove costruire una nuova chiesa dedicata a S. Maria che fu molto frequentata dall'aristocrazia napoletana durante il periodo del vicereame spagnolo; oggi l'ex convento è sede di alcuni uffici dell'amministrazione provinciale di Napoli.

Il terreno sul quale sorse la chiesa era in origine un poggio fuori le mura della città antica sul quale nel corso del tempo furono costruiti significativi insediamenti civili e religiosi degni qui di essere menzionati brevemente. Alle spalle del chiostro, infatti, si trova una strada interna che conduce a ridosso di Via Mezzocannone, dove lungo il suo breve e tortuoso cammino si incontrano la chiesa di Santa Maria dell'aiuto del 1673, il palazzo della famiglia Penna del 1406 (raro esempio rimasto in città di architettura civile del quattrocento), la chiesa dei santi Demetrio e Bonifacio del 1706, la cappella della nobile famiglia Pappacoda del 1415 realizzata da Baboccio da Piperno e la basilica di **San Giovanni Maggiore (29)**, eretta su un tempio pagano dedicato ad Antinoo".

Per maggiori notizie su palazzo Penna e la basilica di San Giovanni Maggiore (extra percorso) si rimanda alla visione del secondo atto.

Targa in marmo risalente al '900 d.C. nella basilica di San Giovanni Maggiore,
recante un'invocazione a San Gennaro
o San Giovanni per la città di Parthenope.

Scultura in marmo della testa di Parthenope (?) comunemente detta
"a capa e' Napule". Cortile palazzo San Giacomo. Napoli

Scena VII

Da S. Maria La Nova a Piazza del Plebiscito con sosta in Piazza Municipio

Proseguendo lungo **via Medina**, subito dopo la discesa a sinistra che mena al borgo di Rua Catalana, proprio di fronte al palazzo della questura centrale e al primo grattacielo sorto in città, incontriamo la **chiesa di San Diego dell'ospedaletto (30),** che fu edificata assieme ad un attiguo ospedale nel 1514. Superate le costruzioni di palazzo Giordano e d'Aquino di Caramanico, realizzate dall'architetto Ferdinando Fuga, incontriamo sulla sinistra un vicolo con due rampe di gradini laterali che ci conducono nel cuore del borgo di rua Catalana, attualmente caratteristico per la presenza di alcune botteghe artigianali dedite alla lavorazione di manufatti in lamiera per impianti di areazione. Qui si possono acquistare anche alcuni oggetti artistici in ferro e lamiere realizzati dalla fantasia degli artigiani napoletani. Famose le vecchie caffettiere napoletane con il beccuccio laterale immortalate da Eduardo De Filippo in alcune sue commedie teatrali, e la riproduzione di modellini di macchine d'epoca e di antichi trenini. Invece, per gli amanti di metalli nobili come oro, argento e pietre preziose, si consiglia di visitare, poco distante da Rua Catalana, il Borgo degli Orefici (di fronte l'università Federico II) dove si possono ammirare negozi e laboratori manifatturieri di arte orafa napoletana, i cui lavoranti, per la loro riconosciuta bravura, sono spesso richiesti dalle grandi firme internazionali di oreficeria, così come avviene su altri versanti commerciali per la produzione di calzature e borse di alta classe.

Lasciata rua Catalana, proseguiamo lungo via Medina ammirando sulla destra la **chiesa di San Giorgio dei genovesi (31)** del 1500, oggi sconsacrata e divenuta sede dell'Università Parthenope, e poco più avanti la **chiesa dell'Incoronata (33).** Questa chiesa si trova a pochi metri sotto l'attuale livello stradale prospicente il marciapiede. La costruzione del

1352 attribuita alla volontà di Giovanna Durazzo I d'Angiò, venne edificata in ricordo dell'incoronazione della regina. Nel cinquecento, a seguito di una vasta ristrutturazione della zona dovuta al risanamento dei fossati intorno al maschio angioino, l'originario livello stradale venne rialzato di alcuni metri soffocando la vecchia chiesa. Bisognerà attendere la metà del novecento, con una moderna ristrutturazione urbanistica della zona, affinché la chiesa venisse riportata alla luce nel suo aspetto attuale. La chiesa è detta dell'Incoronata in riferimento ad una reliquia di spine della corona di Cristo proveniente dai luoghi santi a cui fa riferimento l'effige sul portale d'ingresso. Quasi difronte l'Incoronata troviamo la **chiesa della pietà de' Turchini (32)**, eretta con un annesso conservatorio tra il 1583 e il 1607 con l'intento di avviare allo studio del canto e della musica i ragazzi bisognosi della città (il conservatorio fu originariamente adibito ad orfanotrofio). Fra i più illustri talenti formatosi presso questa scuola musicale si ricordano Alessandro Scarlatti, Pergolesi e Paisiello. Il conservatorio fu detto de' Turchini per il colore dell'abito e del berretto che i ragazzi indossavano nell'istituto. Nei pressi di questa chiesa si trovava collocata provvisoriamente fino alla metà del 2014 l'artistica **fontana di Nettuno**, del XVI secolo, proveniente da una precedente collocazione in Piazza Bovio. Nel 2015 la fontana è stata definitivamente posizionata al centro di Piazza Municipio a completamento dei lavori del nuovo assetto architettonico della piazza.

Tutto questo movimento di antico arredo urbano, compreso lo spostamento di una statua equestre di Vittorio Emanuele II da Piazza Municipio a Piazza Bovio, faceva parte, infatti, del progetto di risistemazione della zona in previsione dell'apertura, al centro della piazza, della nuova stazione metropolitana, inaugurata il 23 maggio 2015, che collega la vicina stazione marittima con i più importanti snodi ferroviari della città.

In piazza Municipio ammiriamo la facciata di palazzo San Giacomo, sede attuale della municipalità cittadina. L'edificio nacque in origine come ospedale militare per le truppe spagnole di stanza a Napoli nel periodo dei viceré che governarono la città. Al suo interno, al centro dello scalone centrale d'ingresso, troneggia oggi il busto in marmo di Marianna (Parthenope?) detta più comunemente 'a capa 'e Napule, il cui luogo di ritrovamento in città resta incerto. Annesso al municipio si trova la **chiesa di San Giacomo degli Spagnoli (34)** del 1540 che accoglie molti sepolcri di dignitari spagnoli tra cui spicca, dietro l'altare, quello a pianta quadrata con i busti di Don Pedro de Toledo e di sua moglie Maria Osorio y Pimentel. Sui quattro lati del basamento sono riportati alcuni episodi delle gesta di Don Pedro. Lasciata piazza Municipio, che si presenta ancora in parte nel 2015 come un cantiere a cielo aperto per i lavori della nuova metropolitana, ci sediamo sui muretti dei giardini davanti Castel Nuovo, prospicienti proprio l'area di cantiere che insiste su una stratificata zona archeologica di antica cronaca. Qui, dopo una breve sistemazione Virgiliano esordisce dicendo:

"Questa è l'area cittadina dove attualmente, meglio che in qualunque altro luogo, si può avere l'idea della stratificazione urbanistica della città nei secoli. Per far questo, profittiamo dei lavori in corso e immaginiamo che una delle trivelle che vediamo nella piazza estragga di tanto in tanto una carota campione dal terreno e che una gru del cantiere la posizioni di volta in volta davanti ai nostri occhi su un'immaginaria asta metrica". Fatta questa immaginifica premessa, Virgiliano, seguendo un metodo empirico del tutto personale comunica al gruppo che il primo campione estratto contiene i resti di alcune opere marittime di epoca greco-romana. Infatti gli scavi in essere hanno individuato nella zona un avamposto portuale di epoca romana con reperti del tempo, tra cui tre imbarcazioni conservate dal fango per la posterità, da mettere in vetrina lungo il futuro percorso artistico-archeologico della nuova stazione metropolitana. Il secondo campione presenta una conformazione più variegata mostrando resti stratificati di vari periodi tra cui frammenti di epoca ducale, normanna e sveva fino a giungere a quelli angioini-aragonesi, di cui ne sono testimonianza le fondamenta e l'architettura di Castel Nuovo.

Il terzo campione segnala la presenza di un terreno di epoca vicereale spagnola, tratto in zona dalle costruzioni realizzate intorno al castello, di cui il palazzo del Municipio, la chiesa di San Giacomo e il vicino palazzo reale ne sono testimonianze in superficie.

Il quarto campione di epoca settecentesca evidenzia tracce di costruzioni borboniche, della cui epoca sono esempi significativi, nelle vicinanze, il teatro S. Carlo e la chiesa di San Francesco da Paola in piazza del Plebiscito.

Il quinto ed ultimo campione riguarda l' '800 e il '900 e reca frammenti di ferro e di vetro; i palazzi di via Verdi, via Santa Brigida e la galleria Umberto I sono esempi di svolta architettonica moderna dello sviluppo urbanistico della città.

Alla fine delle operazioni, tutti i campioni depositati sull'asta metrica segnalano che dal livello originario del primo campione greco-romano il terreno della città ha subito, a causa di vari eventi, un significativo innalzamento, seppellendo per decenni periodi e memoria del passato.

Terminata questa anomala dissertazione tecnico-figurativa, Virgiliano fa una pausa di silenzio… e dopo aver sorseggiato lentamente un bicchier d'acqua offerto dal suo assistente, richiama la nostra attenzione sul frontale di Castel Nuovo, davanti al quale siamo seduti da un po' di tempo e preso fiato ci dice:

Il castello fu edificato tra il 1279 e il 1282 per volere di Carlo I d'Angiò da cui poi prese volgarmente l'appellativo di **Maschio Angioino**. Tale costruzione si rese necessaria perché prima Castel dell'Ovo e poi Castel Vecchio si erano dimostrati non più idonei per ragioni varie ad ospitare la corte e il governo della città. Il castello si sviluppa su una pianta a forma di un quadrilatero con il lato Sud, verso il mare, più lungo di quello a Nord. Il quadrilatero si chiude negli angoli con quattro torri circolari, più una quinta inserita nella facciata del lato nord distante pochi metri da quella ad angolo sul lato destro. Lo spazio tra queste due ultime torri costituisce l'accesso al castello tramite un ponte sul fossato perimetrale. Lungo le facciate del castello sono inseriti camminamenti di difesa dai quali le guarnigioni potevano usare le bombarde contro gli assalitori. Dell'originaria costruzione angioina affidata all'architetto francese Pierre d'Angicourt non è rimasta quasi nessuna testimonianza tranne la cappella Palatina, nel cortile d'ingresso che conserva attualmente della sua originaria costruzione il frontale d'accesso e alcuni resti di affreschi di scuola giottesca. Durante il periodo angioino il castello fu sede regale dei sovrani Carlo II e Roberto d'Angiò. Tra le sue mura soggiornarono in epoche diverse molti personaggi illustri tra i quali il papa dimissionario Celestino V e grandi letterati come Francesco Petrarca e Giovanni Boccaccio.

Alla dominazione di stirpe angioina durata circa 180 anni (1266-1441) subentrò quella più breve (1441-1503) di Alfonso d'Aragona che riuscì ad espugnare la città grazie ad una soffiata…

Infatti, qualcuno (si dice un soldato al suo seguito, ma la cosa è un po' incerta) gli indicò un passaggio sotterraneo di un antico acquedotto dimenticato nella memoria da tutti ma già usato dal grande generale bizantino Claudio Belisario nel 536 d.C. quando conquistò la città. Un vero cavallo di Troia nel ventre di Napoli!

Sotto il regno di Alfonso d'Aragona il castello subì profonde trasformazioni ed ampliamenti fino ad assumere più o meno l'aspetto attuale. Risale all'epoca aragonese la costruzione della magnifica sala detta dei Baroni dove il re Ferrante d'Aragona nel 1486 con uno stratagemma conviviale fece arrestare alcuni baroni del regno che avevano tramato contro di lui. Oggi la sala è sede del consiglio comunale cittadino. A ricordo della presa di Napoli Alfonso I d'Aragona fece inserire nello spazio esistente tra le due torri frontali del castello un arco di trionfo, la cui facciata a più livelli propone raffigurazioni marmoree in onore di casa aragonese. La più importante ed appariscente è quella del gruppo marmoreo che raffigura l'entrata in città di Alfonso su un carro, seguito da uno stuolo di dignitari tra cui la giovane figura di una fanciulla.

Ma chi era costei così degna di essere immortalata nei secoli?

Era probabilmente **Lucrezia Alagno**, giovane nobildonna di Torre del Greco, di cui Alfonso fu amante ricambiato per tutta la vita. Per lei, che abitava con la famiglia in città nei pressi dell'attuale piazza Nicola Amore, il re fece abbattere alcuni edifici onde creare un maggior spazio davanti l'abitazione dell'amata fanciulla. Ah! Quante cose può fare la forza dell'amore! Meglio ancora se sostenuto da cospicui capitali come quelli che re Alfonso profuse in favore della ragazza e della sua consenziente famiglia. Come volgarmente detto: un pelo tira più di un carro di buoi.

Cinismo spinto che non tiene conto dei nobili sentimenti del cuore del re e della fanciulla!

Oggi il castello, come accennato, ospita presso la sala dei Baroni il consiglio comunale ed è sede del museo civico cittadino. Di recente, alcune sale della struttura sono state adibite a mostre, spettacoli e a matrimoni civili di sapore regale.

Per ultimo, due brevi richiami: uno riferito ad una palla di bombarda, rimasta incastonata nella porta in bronzo di accesso al castello e l'altro riferito allo "sfregio" di una granata della seconda guerra mondiale sulla facciata ovest del maniero.

*2015, Lavori in Piazza Municipio per la fermata
della nuova metropolitana
Foto dell'autore.*

*Veduta di Castel Nuovo o Maschio Angioino nella sua imponenza
di fabbrica.*

*Grafica del XIX secolo del frontale di Castel Nuovo con l'arco di trionfo in onore di
Alfonso d'Aragona in primo piano.*

A questo punto non resta che alzarsi e proseguire lungo la cancellata di
cinta dei giardini di palazzo Reale, passando davanti ad un varco chiuso ai
cui lati troneggiano due statue equestri (i cavalli di bronzo) regalati nel
1846 dallo zar Nicola I di Russia al re Ferdinando II di Borbone. Pochi
passi e oltrepassiamo un altro varco che è utilizzato per l'accesso alla
Biblioteca Nazionale posta in un'ala interna di Palazzo Reale.
Proseguendo di alcuni metri arriviamo sotto i portici del **teatro San Carlo**,
costruito nel 1737 per volere di Carlo III di Borbone che poi lasciò la

città nel 1759 per diventare re di Spagna. Nel 2009 il teatro ha subito significativi lavori di restauro che lo hanno reso all'antico splendore. Oggi oltre agli spettacoli, il teatro è aperto al grande pubblico anche tramite visite guidate che ne illustrano i segreti, la storia e i personaggi che lo hanno reso famoso nel mondo. Chi può farci una capatina si renderà conto di ciò che ha significato e significa questo splendido teatro per la città. Di fronte al teatro si trova la **Galleria Umberto I**, i cui lavori iniziarono nel 1887 su progetto di Emanuele Rocco con l'inaugurazione il 19 novembre 1890. Essa presenta una pianta a croce con quattro bracci che danno su via Vittorio Emanuele, Via Verdi, Via Santa Brigida e Via Toledo. La copertura della galleria presenta un cupolone centrale e quattro braccia a botte ricoperti da vetri trasparenti che irradiano la luce del giorno. Lungo le pareti stucchi e fregi dorati decorano l'ambiente interno. La galleria, vero salotto di Napoli e ricovero chic in tempo di pioggia, fino a pochi decenni or sono era frequentata quotidianamente da chansonier e musicisti squattrinati in cerca di fortuna. Per un talento che emergeva cento si arrangiavano, compreso un sottobosco di "impresari" vari che si accaparravano a costi bassi voci melodiche e strumentisti per feste di piazza, matrimoni, ricorrenze ed altro.

Sotto il pavimento, in marmo e a mosaici, la galleria presenta camminamenti speculari alla pianta superiore con al centro un teatro a forma circolare, luogo di grandi rappresentazioni del café chantant in voga a Napoli alla fine dell' ottocento. Nel 1890, infatti, venne inaugurato nel piano interrato della galleria l'elegante **Salone Margherita** grazie ai fratelli Marino che capirono l'importanza di un'attività commerciale redditizia da unire al fascino della rappresentazione dal vivo.

Il nome Margherita è anche quello dato ad una famosa pizza napoletana, inventata nel 1889 da un pizzaiolo, Raffaele Esposito, di Via Chiaia in onore della regina Margherita di Savoia che a volte risiedeva poco distante nel palazzo reale in piazza Plebiscito. Si dice che quel pizzaiolo scelse il colore verde del basilico, il bianco della mozzarella e il rosso del pomodoro per ricordare la bandiera del regno d'Italia, su cui i Savoia regnavano. Oggi quel regno è passato, ma quella pizza ha conquistato senza ferire il palato del mondo! Per tale ragione quel povero pizzaiolo meriterebbe dalla città una statua, come quella dei re in piazza Plebiscito, non fosse altro perché la sua "pizza" continua a sfamare milioni di persone e a far guadagnare a Napoli e nel mondo milioni di ristoranti e pizzerie.

Superata la galleria Umberto I di Savoia, sbuchiamo in **piazza Trieste e Trento** nel cui centro si trova una fontana circolare battezzata dai napoletani 'a carcioffola per la sua sagoma somigliante ad un carciofo (in realtà si tratta di un fiore selvatico). Questa piazza è lo snodo per via Toledo, i quartieri spagnoli, Via Chiaia, via Vittorio Emanuele e piazza del Plebiscito. Su questo slargo si affaccia la **chiesa di San Ferdinando (35)** costruita tra il 1624 e il 1665, attuale luogo di culto d'eccellenza per artisti, musicisti, poeti e personaggi vari dello spettacolo, non fosse altro che per la vicinanza con la galleria Umberto I e con il teatro S. Carlo, emblemi della vita artistica napoletana. Di fronte alla chiesa ritroviamo il Caffè Gambrinus e Piazza del Plebiscito da cui siamo partiti per la nostra passeggiata.

Ritornati finalmente in piazza Plebiscito, Virgiliano e il suo valente e cortese aiutante radunano il gruppo sulla scalinata della chiesa di San Francesco da Paola. Qui, tutti comodamente seduti, si liberano di zainetti, borse, scarpe... e mettono mano, finalmente, ai telefonini per scambiarsi numeri di telefono e indirizzi email.

Alla fine di queste operazioni, inaspettata si leva una voce partenopea dal gruppo, che rivolta verso Virgiliano che si sta togliendo gli abiti da lavoro del Pazzariello, dice:

"Dottò, a nome mio personale e degli amici di questa passeggiata, mi sia consentito di ringraziarvi assieme al vostro aiutante per tutte le cose che ci avete raccontato! Da oggi in poi seguirò il vostro consiglio di visitare con calma e più attenzione sta' città, perché, come ci avete avvertito, 'e cose son tante e i piedi si stancano. Per il momento mi viene solo da pensare che se noi napoletani amassimo un po' di più la nostra "casa", rispettandone la storia e la sua variegata bellezza, potremmo sfamare con la vostra arte d'accompagnatore intere generazioni così come fanno con molto meno tante altre città meglio reclamizzate e organizzate...".

"Eh, caro mio", risponde Virgiliano, "la cosa detta da un mio concittadino neo-apprendista di napoletanità quasi mi commuove. Peccato che l'attuazione di questo progetto a livello di massa popolare è ancora tutto da sviluppare. A riguardo riusciranno mai le istituzioni e la scuola locale, compresa l'università a fare questo miracolo? Al momento neppure San Gennaro c'è riuscito!"

Ma mentre dico queste cose, lo sguardo cade sulla facciata di Palazzo Reale, con le sue nicchie di regnanti ed istintivo mi viene un paragone di fantasia calcistica con la squadra del Napoli, alla quale i napoletani D.O.C. di tutto il mondo sono legati oltre che per amore e fede calcistica anche come emblema di riscatto sociale.

L'idea è di allestire una seconda squadra di calcio cittadina, con vecchie glorie di regnanti e personaggi celebri che hanno "giocato" a Napoli nel corso dei secoli. Roba da far invidia a mezzo mondo...

In porta metterei un "mostro" di portiere: **Parthenope**

A terzino destro un mastino greco che si faceva rispettare: **Ippocle da Cuma**

A terzino sinistro un romano di fama nazionale molto legato anche alla casacca Partenopea: **Virgilio**

A mediano destro un duro di origine normanna: **Ruggero II**

A centro mediano, con la fascia di capitano, un tedesco di origine sveva di grandi qualità, un talento naturale, un "faro" del centrocampo: **Federico II**

(Quanti studenti, che frequentano l'università cittadina a lui intitolata conoscono le qualità fuori dal comune di questo grande della storia?)

A mediano sinistro un francese di interdizione veramente MASCHIO: **Carlo d'Angiò**

Ad ala destra un lezioso tornante di Spagna: **Alfonso d'Aragona**

A mezz'ala destra un iberico di grosse potenzialità: **Carlo V** che nel suo ruolo aveva vari sostituti in panchina, fra cui uno che ha lasciato il segno:

Don Pedro de Toledo

A centroavanti un oriundo spagnolo di grande movimento e di forti iniziative di gioco innovativo: **Carlo III**

A mezz'ala sinistra un francese raccomandato ma con una visione di gioco illuminante: **Gioacchino Murat**

Ad ala sinistra un piemontese furbo che sapeva driblare molto bene, un certo **Emanuele II** di Savoia, proveniente dalla scuola di un celebre allenatore tattico del tempo: **Camillo Benso conte di Cavour**.

Con questa squadra farei una partita con le altre vecchie glorie nazionali, scegliendo una terna arbitrale composta da un fischietto internazionale con esperienza maturata in sud America e in Italia, il signor **Giuseppe Garibaldi** da Caprera e due illustri segnalinee: **Basilio** del ducato di Napoli e **Ladislao Durazzo**, di sangue blu ungherese.

Se trovassimo un'altra squadra di vecchie glorie da sfidare son convinto che vinceremmo con molti gol di scarto!

Mentre sono assorto in questi pensieri, lascio al mio aiutante il compito di salutare il gruppo con l'ultima storiella della giornata, che prende a pretesto la postura delle ultime quattro statue di regnanti allocate nelle nicchie della facciata a destra del portone di ingresso di Palazzo Reale.

Il fatto è questo: uno scugnizzo passando davanti la statua di Carlo V, che con l'indice della mano destra indica il suolo, sente dire dall'illustre regnante: chi ha urinato qui a terra? Risponde a seguire l'elegante statua di Carlo III che dice: No so chi l'abbia fatto! A questo punto prende subito parola Gioacchino Murat che con una mano sul petto in segno di sfida afferma: sono stato io! Interviene per ultimo la statua di Vittorio Emanuele II che con il braccio alzato impugnando una spada sguainata verso l'alto sentenzia: Allora tagliamogli... o' cazz!!!

Ed è qui, in questa storiella di irriverenza e disincanto del potere che si nasconde, forse, il vero spirito del popolo napoletano che per secoli e secoli, mettendoci molto del suo, è stato tradito e depredato da tutti coloro che con la forza, il linguaggio dei vincitori e la malavita locale hanno tentato di fiaccare il suo orgoglio e la sua storia, fortunatamente senza ancora riuscirvi del tutto. E su questo pensiero, mentre il sole e il sipario cala sullo spettacolo offerto dalla città, il pazzariello Virgiliano parafrasando una vecchia canzone napoletana si allontana canterellando così:

"Scetammece guagliuni 'e BONA vita, che 'ntussecosa assai è 'a serenata... nuj simm 'e 'nammurat 'e stà città e avimme mettere 'ncroce c'a' fatica e a' vuluntà tutte chille ca nun ce vonn' stà".

Tradotta la parafrasi suona così:

"Svegliamoci ragazzi di buona volontà, perché la serenata è molto dolorosa, noi siamo gli innamorati di questa città e dobbiamo mettere in croce con il lavoro e la volontà tutti quelli che non ci vogliono stare".

Foto di "un'edicola", tra sacro e profano,
in onore di Diego Armando Maradona.

INTERVALLO

Per l'occasione si consiglia un caffè ristretto alla napoletana o in alternativa una moderata degustazione di vini campani, oppure ancora, un assaggio di limoncello prodotto con gli agrumi del Golfo Partenopeo. Per gli astemi si suggerisce invece acqua liscia del Serino.

Secondo Atto

*Rassegna delle chiese incontrate
lungo le passeggiate
con approfondimenti
sulla loro genesi storico-artistica*

Le chiese
Incontrate lungo i percorsi

I numeri di contrassegno delle chiese sono i corrispettivi di riferimento di quelle menzionate nel primo atto.

1) CHIESA DI S. FRANCESCO DA PAOLA
Piazza Plebiscito

Costruzione del 1816 voluta da Ferdinando IV di Borbone figlio di Carlo III (detto anche, dopo il congresso di Lubiana del 1821, Ferdinando I) a ringraziamento del suo ritorno sul trono del regno delle due Sicilie, dopo il periodo di dominazione francese, durato dieci anni (1806-1815). La chiesa, la cui costruzione fu terminata nel 1836 su progetto dell'architetto Pietro Bianchi, è posta al centro di un colonnato ad emiciclo precedentemente pensato per un foro murattiano.

L'edificio a pianta semicircolare in stile neoclassico presenta alla sommità due piccole cupole - una a destra e una a sinistra - e una cupola centrale con un "occhio" al centro ad imitazione del Pantheon di Roma. All'interno, lungo le pareti perimetrali, un colonnato sorregge una stretta balconata sotto la quale, ad emiciclo, sono posizionate le statue in marmo degli evangelisti e dei Santi. Il tabernacolo e l'altare, risalenti rispettivamente XVIII e XVII secolo, furono prelevati dalla chiesa dei S.S. Apostoli e posizionati nel nuovo tempio dedicato a S. Francesco da Paola. Sul fronte del colonnato che dà sulla piazza un timpano triangolare racchiude le statue simboleggianti la religione, san Ferdinando di Castiglia e san Francesco di Paola. La chiesa, con un'ampia scalinata d'ingresso sulla piazza, sulla quale agli inizi del secolo scorso era collocata anche una fontana circolare, si affaccia davanti Palazzo Reale nell'attuale Piazza Plebiscito.

2) CHIESA DI SANTA LUCIA A MARE

Via S. Lucia

Costruzione di antichissima memoria, ricostruita varie volte nei secoli fino all'aspetto attuale a navata unica risalente all'ultima ristrutturazione dopo il bombardamento aereo sulla città nel 1943.

L'originaria chiesa chiamata anticamente S. Lucia a Mare era presente in zona già intorno all'800 D.C. e la leggenda vuole che fosse edificata per volere della nipote dell'imperatore Costantino scampata ad un naufragio marino. (Lo zio fu l'imperatore che rese il cristianesimo libera religione dell'impero romano e la cui mamma fu elevata successivamente agli altari con il nome di S. Elena). Nel 1558, per volere della badessa Eusebia Minadoa, l'originaria chiesa in riva al mare venne completamente rifatta.

Tutta la zona intorno alla chiesa era già anticamente un borgo di pescatori che viveva in misere casupole, arrangiandosi con la pesca e i mille mestieri tipici della napoletanità di ieri e di oggi. Nel 1884 la zona subì un forte intervento di risanamento che vide la COLMATA del lungomare e la costruzione degli attuali palazzi prospicienti il mare, i quali privarono lo sguardo sul golfo e su tutto il caratteristico e pittoresco territorio che da Piazza Plebiscito degradava a mare fino a Castel dell'Ovo ed oltre. In tale occasione la chiesa del 1588 venne a trovarsi al di sotto del nuovo livello stradale della zona per cui fu giocoforza rifarne una nuova sui resti di quella precedente. La nuova chiesa, sfortunatamente, venne però bombardata nel 1943 dalle incursioni aeree sulla città per cui fu necessaria una nuova costruzione che è quella che ammiriamo oggi lungo la strada che porta il nome della Santa (patrona dei non vedenti). L'attuale chiesa del vecchio patrimonio artistico andato perduto, conserva una interessante statua lignea di Santa Lucia del 1700 ed una tavola del rosario risalente al secolo XVI.

3) CHIESA DI S. MARIA DELLA CATENA

Via S. Lucia

Costruzione del sedicesimo secolo a ridosso della collina di Pizzofalcone, voluta dagli abitanti della zona in ricordo della Vergine Maria che nella chiesa di Santa Maria del Porto a Palermo nel 1390 spezzò le catene a tre innocenti prigionieri condannati a morte per errore.

A seguito di questo prodigio la chiesa palermitana prese il nome di Santa Maria della Catena, titolo che venne poi assunto anche dalla costruzione realizzata per volere popolare a Napoli nel 1576. Ristrutturata nel 1700 su progetto dell'architetto Carmelo Passaro presenta una cupola con ornamenti interni a stucco.

La chiesa è ricordata oltre che per il prodigio della Vergine (una festa popolare ne ravvivava annualmente la tradizione con l'incendio di una barca sul vicino arenile) anche perché accoglie dal 1882 le spoglie dell'ammiraglio Francesco Caracciolo eroe della repubblica partenopea del 1799, fatto impiccare all'albero della sua nave Minerva (segno di massimo oltraggio davanti alla ciurma) dall'ammiraglio Orazio Nelson inviato dalla corona inglese in aiuto di quella Borbone che venne reinsediata sul regno delle Due Sicilie.

4) CHIESA DI SANTA MARIA DELLA VITTORIA

Piazza della Vittoria - di fronte l'entrata della Villa Comunale

Costruzione del 1572 eretta a ricordo della Vittoria degli eserciti cristiani sui turchi nella battaglia navale di Lepanto del 17 ottobre 1571. Evento che per la cristianità rappresentò una vera e propria liberazione dall'incubo dell'invasione Musulmana nel Mediterraneo, tanto da costituire motivo di ringraziamento religioso per la costruzione di altre chiese nel resto d'Italia.

In origine la fabbrica napoletana era formata dalla chiesa e da un annesso piccolo convento che ospitava frati carmelitani.

Nel 1628 per volere della figlia del comandante Giovanni D'Austria che aveva guidato le armi cristiane alla vittoria nella battaglia di Lepanto, la chiesa venne ristrutturata e affidata ai padri Teatini. Successivamente, a causa di vari eventi, la chiesa subì altri interventi di ristrutturazione (1646-1732-1735) fino a quello del 1824 che ne definì l'aspetto attuale, inglobando l'edificio religioso tra le costruzioni civili che si affacciano sulla piazza.

Tra le opere artistiche che la chiesa conserva si ricorda un dipinto di MASSIMO STANZIONE in onore dell'Annunziata e quello di un anonimo raffigurante la Vergine Maria che appare al condottiero Giovanni d'Austria durante lo svolgimento della vittoriosa battaglia navale di Lepanto.

5) CHIESA DI S. MARIA DI PORTOSALVO

Via Marina

(poco distante dalla stazione marittima del Beverello)

Costruzione del 1554, attualmente visibile testimonianza d'epoca medioevale nel moderno contesto viario di Via Colombo e Via Alcide De Gasperi, alle spalle della Facoltà di Giurisprudenza.

La chiesa fu edificata per volontà di Bernardino Belladonna come ex voto per una scampata sciagura di mare e rappresentò per secoli un rifugio di preghiera e di conforto per tutti i marinai che operavano o transitavano nell'attiguo Porto di Napoli. Scampata ai vari risanamenti della zona nel corso dei secoli, la chiesa a navata unica, con la cupola del campanile piastrellata, conserva alcune opere artistiche di significativo valore, tra cui una tela di autore ignoto raffigurante la Vergine Maria e un soffitto a cassettoni recante al centro un'opera di Battistello Caracciolo. Di notevole pregio è la balaustra del presbiterio. La chiesa custodiva anche molte altre opere del XVII e XVIII secolo andate perdute.

Nella piazzola esterna alla chiesa che costituisce oggi un'isola spartitraffico, si trova posizionato un piccolo obelisco che casa Borbone collocò a ricordo del suo ritorno in città dopo la caduta della repubblica partenopea del 1799.

6) CHIESA DI S. ELIGIO MAGGIORE

Via omonima nei pressi di Piazza Mercato

La costruzione del 1270 in stile gotico fondata da alcuni dignitari angioini in onore di tre santi di origine francese: ELIGIO – MARTINO – DIONIGI, costituisce la testimonianza più antica della reggenza francese in città. La chiesa, come molte altre, subì gravi danneggiamenti nel 1943 a seguito dei bombardamenti aerei sulla città. Da allora lentamente restaurato l'edificio si presenta oggi nelle sue forme gotiche a tre navate a sesto acuto con la facciata però inglobata in una costruzione adibita ad educandato femminile sorto a sua volta su quello dell'ex ospedale di S. Eligio, un tempo attiguo alla chiesa. Sul lato esterno della fabbrica parallelo all'asse che dà su Via Marina si trova un caratteristico arco esterno di epoca durazzesca su cui è incastonato un orologio circolare. L'arco anticamente sovrastava una quarta navata della chiesa, aggiunta successivamente alle prime tre originarie e poi demolita.

7) CHIESA DELLA MADONNA DEL CARMINE

Piazza omonima nei pressi di Via Marina Nuova

Costruzione originaria del 1100, sorta ad opera dei frati carmelitani nella zona dove vi trovava un piccolo tempio dedicato a San Nicola. Nel 1283 la chiesa, con l'annesso convento dei frati, fu interessata da notevoli lavori di ristrutturazione che terminarono alla fine del 1300. Una leggenda vuole che a commissionare questi lavori fosse stato Roberto d'Angiò a devozione di un quadro dipinto da San Luca (patrono dei pittori) raffigurante una Madonna Bruna. Un dipinto richiamante quello descritto oggi si trova al disopra dell'altare maggiore, sul cui retro tantissimi *ex voto* testimoniano il forte legame di fede che il popolo napoletano ha sempre avuto nei confronti della Vergine Bruna.

La chiesa a navata unica con l'annesso campanile di Fra Nuvolo del 1631 rappresenta ancora oggi il crogiuolo più significativo degli eventi storici che hanno interessato la città nel corso di alcuni secoli.

Infatti, in essa sono custodite le spoglie dell'ultimo erede di casa Sveva, Corradino, sceso in Italia nel 1267, a soli 17 anni, per tentare senza riuscirvi di riconquistare il regno di Napoli su cui erano subentrati gli angioini.

A riguardo, un'altra versione della ristrutturazione del 1283 della chiesa vuole invece che sia stata la regina Margherita di Borgogna, madre di Carlo I D'Angiò, assieme alla madre di Corradino di Svevia, Elisabetta di Baviera, a commissionare i lavori. Quest'ultima intervenuta per dare più degna sepoltura al figlio decapitato proprio in Piazza Mercato il 29 ottobre del 1268. Il sepolcro del giovane sovrano si arricchì nel 1847 di una statua marmorea voluta da un discendente di casa sveva con questo epitaffio:

Massimiliano (di Wittelsbach) principe ereditario di baviera erge questo
monumento
ad un parente della sua casa
che fu Corradino

Delle originarie linee gotiche della chiesa di epoca angioina non è rimasto quasi nulla tranne alcuni elementi architettonici rintracciabili nel chiostro attiguo al campanile. Ciò perché durante il 600 e fino alla metà del 1700 furono eseguiti ulteriori lavori, compresa la facciata, che ne alterarono significativamente l'architettura iniziale. Fra tanta regalità la chiesa si dice accogliesse, sino alla rivoluzione partenopea del '799, anche i resti (e una spoglia lapide in marmo ne ricorda il luogo di sepoltura) di un pescivendolo della zona: Masaniello che guidò l'insurrezione di popolo del 1647 contro il governo spagnolo per l'esoso regime fiscale imposto sulle merci di prima necessità.

L'interno della chiesa presenta un soffitto a cessettoni riccamente decorato, e conserva oltre al monumento di Corradino una tela di Mattia

Preti ed una di Francesco Solimena raffigurante quest'ultima i profeti ELIA ed ELISEO. Inoltre, di suggestivo richiamo è un crocifisso ligneo del 1300, che la tradizione vuole abbassò il capo per schivare un colpo di fucile sparato dalle soldatesche di Alfonso d'Aragona quando questi assediò la città per scalzare gli angioini. In onore della Madonna Bruna detta anche dal popolo MAMMA SCHIAVONE, il 15 luglio di ogni anno i napoletani organizzano da secoli solenni festeggiamenti con fuochi pirotecnici ed 'incendio' del campanile.

8) CHIESA DELL'ANNUNZIATA

Via omonima nei pressi di Piazza Garibaldi

La costruzione della chiesa fu eseguita nel 1318 in contemporanea con quella dell'attigua Santa Casa dell'Annunziata, centro di cura e assistenza per l'infanzia abbandonata. Questa istituzione laica, voluta da due gentiluomini napoletani, i fratelli Nicolò e Jacopo Scondito che ottennero il sostegno della regina Sancia di Majorca, moglie di Roberto d'Angiò, era il punto di riferimento in città per tutti i bambini che venivano rifiutati e abbandonati dai genitori: generalmente una persona anonima deponeva l'infante "frutto della vergogna", in una feritoia di raccolta posta nella facciata esterna dell'istituto a livello stradale: "la ruota".
Qui, un meccanismo girevole permetteva agli addetti dell'Annunziata di raccogliere subito l'infante, di battezzarlo e registrarlo con un nome e cognome fittizio che le suore o il personale addetto sceglievano per lui, riportandolo in un apposito registro. Da quel momento il bambino diveniva un figlio dell'Annunziata, il cui destino molto spesso era poi quello di essere adottato. Questa prassi, se vogliamo molto più sbrigativa di quella burocratica d'oggi, è rimasta in uso fino al secolo scorso e ha permesso a molti ragazzi di avere una casa e una famiglia d'adozione a compensazione dell'originario abbandono.
Oggi presso la Santa Casa dell'Annunziata, che opera da ospedale per l'infanzia e le partorienti, si possono visitare gratuitamente i locali e la "ruota" girevole su cui venivano depositati gli infanti abbandonati.

Tornando alla chiesa bisogna dire che essa subì nel tempo varie ristrutturazioni, a cominciare da quella dell'architetto Ferdinando Manlio del 1500 per poi passare, dopo un incendio, a quella di Luigi Vanvitelli iniziata nel 1760 e terminata nel 1782 dal figlio Carlo. La chiesa, tuttavia si può dire che è stata un continuo cantiere, tenuto conto che dopo i bombardamenti aerei della seconda guerra mondiale, la fabbrica ha avuto bisogno di ulteriori lavori di consolidamento, terminati solo da pochi anni.

L'interno della chiesa a navata unica con una grande cupola presenta tre cappelle per lato con un'architettura ornamentale di ben 44 colonne. Alcuni ambienti del 1500 scampati ad un incendio del 1757 tra cui la cappella Carafa e la Sacrestia conservano significative opere artistiche.

Presso la cappella Carafa si possono ammirare alcuni sepolcri risalenti al 1500 e 1600, mentre presso la sacrestia con affreschi di alcune storie del vecchio testamento di Belisario Corenzio è da menzionare l'arredo ligneo di fine cinquecento.

9) CHIESA DI SANTA CATERINA A FORMIELLO

Nei pressi di Porta Capuana, in Piazza Enrico De Nicola

Costruzione sorta tra il 1510 e il 1593 in una zona di antico approvvigionamento idrico di Napoli, detta dei Formali, probabilmente per le forme dei solchi che l'acqua scavava nel terreno. L'acqua proveniente da Volla (Napoli) era convogliata in zona da un vecchio acquedotto d'epoca greca, che alimentava alcuni mulini e la bocca di una fontana pubblica, che fu successivamente, nel 1573, con un prospetto marmoreo (attualmente visibile), incastonata nella facciata posteriore di Castel Vecchio, adibito in epoca spagnola a sede riunita dei vari tribunali presenti in città.

Tornando alla chiesa, vi è da dire che il suo interno è a croce latina con cappelle laterali e presenta una cupola affrescata nel 1695 da Luigi Garzi con scene riproducenti l'angoscia e il timore per la giustizia divina (un classico richiamo ad una giustizia punitiva e non misericordiosa).

Nel 1700 la chiesa venne corredata di un pulpito e di un pavimento eseguito da Francesco Antonio Landolfi.

A proposito della pavimentazione vi è da dire (non si sa se per crisi... o per scelta architettonica) che per essa furono utilizzate varie lastre sepolcrali consumate dal tempo ed appartenute a nobili famiglie del XVI secolo, con tanto di stemmi e riferimenti al casato. Il pavimento risulta ancor oggi un grande mosaico sepolcrale.

10) CHIESA DI SAN GIOVANNI A CARBONARA

Extra Percorso, via omonima (da Porta Capuana a Via Foria)

Questa chiesa fuori dal nostro percorso si trova in via Carbonara che è una strada che fino al Medio Evo costituiva ad est il perimetro esterno fuori le mura della città. Il toponomastico della strada deriva dallo sversamento dei rifiuti che a quel tempo erano portati fuori dalle mura di cinta dove probabilmente venivano carbonizzati.

Attualmente via Carbonara è un'arteria che congiunge Porta Capuana con via Foria nei pressi della quale si trova la chiesa di San Giovanni che per importanza storico-artistica viene qui ricordata.

La chiesa fu fondata nel 1343 dal nobile Gualtiero Galeota e restaurata agli inizi del 1400 per volontà di Re Ladislao di Durazzo, insediatosi dopo il periodo Angioino, sul Regno di Napoli nel 1399. La chiesa, negli anni a seguire, subì numerosi altri interventi terminati nel 1700 con la fabbrica di un' imponente scala, opera dell'architetto Ferdinando San Felice.

L'interno a pianta rettangolare conserva il sepolcro di Re Ladislao Durazzo, realizzato tra il 1414 e il 1428 con ricchi ornamenti allegorici. Alle spalle del mausoleo regale si trova la cappella Caracciolo del Sole, con la tomba di Sergianni Caracciolo, passato alla storia per essere stato amante della regina Giovanna II Durazzo. Le pareti presentano affreschi di scuola giottesca con rappresentazioni di vita monastica. Alla destra del presbiterio si trovano la sacrestia, la cappella Caracciolo di Vico e un altare in onore della Madonna più il sepolcro di Antonio Miroballo, vescovo di Lettere dal 1478 al 1503, realizzato da Lorenzo Vaccaro e posto nella omonima cappella.

11) DUOMO, CAPPELLA DI SANTA RESTITUTA E CAPPELLA DI SAN GENNARO

Via Duomo – antico cardine greco-romano

La costruzione del Duomo risale al tempo della dominazione Angioina e fu voluta da Carlo II D'Angiò ad iniziare dal 1294 sui luoghi di due preesistenti edifici religiosi: la chiesa del Salvatore (poi Santa Restituta) fatta costruire dall'Imperatore Costantino intorno al 324 d.C. e quella della Stefania, risalente al 400 d.C. e voluta dal vescovo Stefano. Durante la nuova costruzione voluta da D'Angiò quest'ultima venne abbattuta mentre fu mantenuta la fabbrica di Santa Restituta, inglobandola lateralmente nel nuovo edificio, tanto da apparire ancora oggi come una chiesa nella chiesa posta nella navata laterale di sinistra del duomo. L'interno di quest'ultimo a croce latina si sviluppa per una lunghezza di circa 100 metri e presenta tre navate poggianti su 16 pilastri collegati tra loro con archi di forma ogivale. Tra i vari pilastri sono posizionate più di cento colonne di provenienza orientali ed africane. Il soffitto centrale (1621), a cassettoni, in stile barocco incorpora dipinti e decorazioni del XVIII secolo.

Ora, però, prima di andare oltre e giungere alla cappella di S. Gennaro, famosissimo patrono della città in tutto il mondo per la liquefazione delle sue reliquie di sangue, è interessante soffermarsi un po' su Santa Restituta. A riguardo la storia ci tramanda che era una vergine fanciulla africana, condannata a morte a Cartagine al tempo dell'imperatore Diocleziano per non aver voluto rinnegare la fede cristiana che aveva abbracciato. La condanna (284 d.C.) ad opera del proconsole romano Anulino prevedeva che la fanciulla morisse tra le fiamme legata all'albero di una barca piena di stoppa intrisa di pece. Ora, però, avvenne che prima di appiccare il fuoco, un incendio bruciò invece la barca dei carnefici, cosa che permise all'imbarcazione sulla quale era legata Restituta di prendere il largo sfuggendo agli aguzzini. L'imbarcazione, guidata da un angelo inviato dal Signore, al quale Restituta ormai all'estremo delle forze affidò l'anima, navigò per giorni e giorni fino a giungere ad Ischia nella baia di S. Montano, all'epoca dei fatti detta delle Ripe. Qui, prima che la barca si arenasse sulla spiaggia con la fanciulla ormai morta, la leggenda vuole che un angelo apparisse in sogno ad una ragazza del luogo di nome Lucina, invitandola ad andare sulla spiaggia per accogliere la Santa. Immediatamente la ragazza avvertì la popolazione e con essa si recò sulla spiaggia dove il corpo di Restituta fu trovato sull'arenile, su cui per prodigio erano germogliati centinaia di gigli bianchi. Attonita per simile prodigio, la popolazione raccolse i resti della Santa trasportandoli in una chiesetta del paese che la prima comunità cristiana del luogo aveva precedentemente edificato e da dove furono in seguito trasferiti a Napoli.

Nel corso dei secoli, la chiesetta subì vari rimaneggiamenti, l'ultimo dei quali dopo il terremoto sull'isola del 1883 fu quello che ne definì l'aspetto attuale. Sotto la chiesa, nel secolo scorso, furono iniziati (ad opera del prof. *Sergio Buchner* e don *Pietro Monti*) gli scavi archeologici che hanno portato alla luce importanti stratificazioni di insediamenti greco-romani e paleocristiani.

Il materiale rinvenuto, di pregio archeologico importantissimo perché riferito alla prima colonia greca stanziatasi nel Golfo di Napoli, fa oggi parte dell'arredo del museo pithecusano di Lacco Ameno, tra cui spicca la coppa di Nestore, chiamata così perché l'artigiano che la costruì vi incise una scritta in greco antico che si rifaceva ai versi di Omero nell'Odissea, quando parlando di Nestore, magnificava le virtù afrodisiache del vino bevuto dalla coppa. Di tanta storia e leggenda, ogni anno il 17 maggio, nella baia di San Montano in Lacco Ameno viene rievocato l'approdo della Santa, e una rivisitazione storica scenografica in costume ricostruisce i fatti narrati.

Proseguendo la visita, bisogna dire che l'attuale aspetto decorativo barocco dell'originario edificio del 300 dedicato a Santa Restituta si deve all'architetto Arcangelo Guglielmelli che tra il 1689 e il 1692 vi apportò significative modifiche secondo il gusto dell'epoca. Di particolare richiamo artistico restano in una cappella i mosaici realizzati nel 1322 da Lello da Orvieto riproducenti la Madonna con Bambino tra S. Gennaro e Santa Restituta.

Dalla antica basilica dedicata alla santa si accede agli scavi della fabbrica che intorno agli anni del 1960 hanno messo in luce numerose costruzioni e architetture risalenti a vari secoli: da quelli di epoca greco romano fino a quelli dell' alto medioevo.

Proprio di fronte l'accesso ai luoghi di Santa Restituta, nella navata di destra della cattedrale si trova la cappella del tesoro di San Gennaro patrono di Napoli. Qui però prima di continuare questa sommaria elencazione è da ricordare che presso la cattedrale sono presenti delle ottime guide a cui volendo ci si può rivolgere per una visita approfondita della basilica.

Non meravigliatevi però che giunte alla cappella di San Gennaro esse si fermeranno al limite di una striscia oltre la quale per convenzione non possano andare, essendo la cappella sotto la giurisdizione del governatorato del Tesoro di San Gennaro. A riguardo potremmo dire "uno stato nello stato", anche se a carattere religioso.

Alla cappella di San Gennaro fatta costruire nella prima metà del 600 dai rappresentanti eletti dal popolo si accede superata un'artistica inferriata opera dell'architetto scultore Cosimo Fanzago. L'interno, riccamente decorato in stile barocco, conserva parte del tesoro del Santo, frutto nei secoli di svariate donazioni provenienti da varie casate reali o da semplici fedeli. La cappella presenta opere del Domenichino, Giuseppe Ribera detto lo Spagnoletto e Giovanni Lanfranco. Di fianco alla chiesa si può accedere ad un museo del tesoro ove sono esposti i pezzi pregiati delle donazioni.

Continuando la visita della cattedrale si accenna che al fondo della navata centrale del duomo, tramite due scale laterali si accede all'ipogeo della Basilica in cui si trova la cripta cinquecentesca voluta dal cardinale Carafa in onore della reliquie di San Gennaro traslate dal Santuario di Monte Vergine nel 1497 e dove una statua marmorea dello stesso cardinale in ginocchio invita i fedeli a sostare, come lui, in preghiera davanti le reliquie del Santo Patrono. Risaliti dalla cripta è d'obbligo un passaggio dietro il presbitero dove si trova la tomba del Cardinale Minutolo deceduto nel 1301 e ricordato da Giovanni Boccaccio nel Decamerone, nella novella Andreuccio da Perugia.

Inutile dire che nel corso dei secoli la cattedrale è stata arricchita da molte opere di grandi artisti che operarono nella loro vita a Napoli; ricordiamo Jusepe de Ribera, Cosimo Fanzago, Luca Giordano, Massimo Stanzione, Francesco Solimena.

Una veduta ad acquerello di epoca moderna (1863) di uno scorcio dell'interno della chiesa eseguita da Giacinto Gigante è esposta al museo di Capodimonte.

A questo punto usciti all'aperto non resta che dare alcune brevi notizie sulla facciata. L'originaria facciata con un annesso campanile che fu distrutto dal terremoto del 1349, subì nel corso dei secoli vari rifacimenti fino a quello attuale risalente alla fine del XIX secolo. Infatti, l'aspetto odierno in stile neogotico si deve all'architetto Enrico Alvino (1877-1905) che vi inserì i resti dei tre portali realizzati da Andrea Baboccio da Piperno e la Madonna con Bambino di Tino da Camaino (1350) posizionata nella lunetta del portale centrale.

La facciata con i relativi ornamenti riflette quella della cappella Pappacoda in piazza S.Giovanni Maggiore realizzata dallo stesso Baboccio da Piperno nel quattrocento.

12) CHIESA E COMPLESSO DEI GIROLOMINI
Vico omonimo, traversa Via Duomo

Grande complesso conventuale con annessa chiesa, iniziato nel 1592 e terminato nel 1619 ad opera dei padri Girolomini seguaci di San Filippo

Neri, che favorì la creazione a Napoli di un oratorio sul modello di quello esistente a Roma dedicato a San Girolamo della carità.

L'ordine dei frati, a seguito della donazione ricevuta dall'arcivescovo di Napoli, Seripando, di un suo palazzo esistente in zona, alla fine del XVII secolo iniziò una grande opera di ristrutturazione della vecchia fabbrica allargando il suo perimetro con la demolizione di alcuni piccoli edifici religiosi che si trovavano intorno l'area della nuova costruzione.

La chiesa in onore della Natività della Madonna e di tutti i santi presenta un interno a croce latina con tre navate delimitate da 12 colonne. Nella navata centrale spicca un ricco soffitto a cassettoni in cui sono inglobati dipinti in onore di San Filippo Neri, della Madonna della Vallicella e della Santissima Trinità. (Quest'ultimo andato in parte perduto a seguito del bombardamento aereo sulla città del 1943).

Le navate laterali dette "Cornu Evangeli" a sinistra e "Cornu Epistulae" a destra presentano nove cappelle simmetriche per lato, ognuna arricchita da opere artistiche di significativi autori che operarono a Napoli.

Di tutte le cappelle che qui sarebbe troppo lungo elencare si ricordano: quella in onore di San Filippo Neri affrescata da Francesco Solimena, la cappella gentilizia della famiglia Ruffo Scilla con statue dei santi scolpite dal padre del grande Bernini, le cappelle dell'Immacolata con una pala del Fracanzano e affreschi del Simoncelli e la tomba di un grande figlio di Napoli: Gian Battista Vico nato a pochi passi dalla chiesa. Per lo splendore degli ornamenti in oro e la preziosità delle opere che le varie cappelle racchiudono, la chiesa era detta anche *domus aurea*.

L'originaria facciata del 1655 fu ristrutturata nel 1780 dall'architetto Ferdinando Fuga che la rese più armoniosa inserendo a destra e a sinistra della porta frontale due ornamentali piccoli campanili.

Sul portale si trovano le statue di San Pietro e Paolo più quella di Mosè ed Aronne, opere dello scultore Sammartino. Sul retro della facciata all'interno della chiesa spicca al centro un'opera di Luca Giordano raffigurante *la cacciata dei mercanti dal tempio*.

Di grande rilievo artistico è la Sacrestia, che senz'altro si può dire resta per magnificenza e ampiezza una delle più belle della città. Qui si trovano armadi lignei in radica di noce, affreschi di Luca Giordano, di Leonardo Oliviero e una tela di Guido Reni, il tutto su un pavimento a tarsie in marmo che si rifà alla scuola del Fanzago.

La visita del complesso continua con l'oratorio dell'Assunta dedicato alla congregazione degli artisti e degli artigiani affrescato da Luca Giordano, con una pala del Santafede e con l'oratorio della congregazione dei dottori.

La chiesa conserva un ricchissima biblioteca di testi antichi.

Tutto il complesso è abbellito da due chiostri risalenti al XVII secolo di cui uno con uno splendido agrumeto.

Perla della costruzione è la pinacoteca seicentesca; la così detta QUADRERIA, che raccoglie numerosi quadri ed opere d'arte dei più valenti artisti che hanno abbellito negli ultimi secoli chiese e musei di Napoli.

13) CHIESA DI SAN GENNARO ALL'OLMO

Inizio Via San Gregorio Armeno
Antico cardine greco-romano

Piccola costruzione di antica data (600 D.C.) ma di grande storia. La cronaca la vuole la prima chiesa cristiana di Napoli di rito greco dopo il famoso editto dell'imperatore Costantino che rese il cristianesimo libera religione ufficiale del Sacro Romano Impero.

Le cronache attribuiscono la costruzione della chiesetta a Sant'Agnello vescovo di Napoli, che la fece erigere in onore di San Gennaro a ringraziamento della città per lo scampato pericolo dovuto all'eruzione del Vesuvio.

Al tempo di questo vescovo napoletano la chiesa divenne uno dei più importanti centri di soccorso alla popolazione distribuendo nelle feste di Natale e Pasqua ai bisognosi grano e vino, più qualche regalia in denaro e alcuni pezzi di sapone per coloro che ne facevano uso.

Notizia quest'ultima non da poco, tenuto conto del contesto igienico sanitario dell'epoca, non solo a Napoli ma in tutte le città europee.

Nel 700 D.C. la chiesa divenne rifugio di alcune monache provenienti dall'Armenia, rifugiatesi a Napoli per sfuggire alla persecuzione in patria da parte degli Iconoclasti.

Nei secoli successivi la chiesa venne adibita anche a sede provvisoria di alcune confraternite cittadine tra le quali quella dei Librai, da cui il decumano inferiore per un tratto oggi prende nome.

A questo riguardo è da rammentare che nel seicento, in un palazzo di fronte a questa chiesa (Palazzo San Gennaro, detto così per una lapide che impropriamente ricorda il palazzo come l'edificio in cui nacque S. Gennaro) fu aperta la più grande libreria della città, che spesso ospitava anche intellettuali provenienti da paesi europei.

La chiesa era detta di San Gennaro all'Olmo per un albero di olmo che sorgeva in zona, il quale in determinate occasioni fungeva anche da albero della cuccagna per giostre e manifestazioni varie.

Caduta in oblio per vari secoli, la chiesetta è dal 2011, a seguito di un risanamento, sede della fondazione dedicata al grande filosofo napoletano Gian Battista Vico.

14) CHIESA DI SAN GREGORIO ARMENO

Via omonima – antico cardine greco-romano

La costruzione sorge sui resti di un tempio pagano dedicato a Cerere. La chiesa si vuole risalga al tempo della madre dell'imperatore Costantino (Sant'Elena) che ne favorì la realizzazione con un annesso convento. Nei secoli successivi il monastero si caratterizzò per ospitare suore di clausura provenienti da nobili famiglie, le quali godevano del privilegio di essere visitate dai parenti. Una specie di convitto per fanciulle di alta nobiltà, escluse dalla vita e dalle eredità di famiglia.

Questo modello di clausura, dopo la riforma del concilio di Trento, dovette incontrare molto consenso nella società del tempo, tant'è che a seguito di numerosi arrivi fu necessario collegare nel 1500 il convento con il monastero di San Pantaleone (già esistente) sul lato opposto della strada, tramite un arco che fungeva da camminamento esterno tra i due edifici.

Su quest'arco stradale nel 1600 venne eretto il campanile della chiesa che oggi si vede sospeso sulla caratteristica via di San Gregorio.

Il complesso si presentava nel medioevo come uno dei conventi più grandi e ricettivi della città, condizione che permise di accogliere nel tempo anche alcune suore provenienti da altri monasteri, tra cui quelle di Santa Patrizia e quelle Armene, perseguitate in patria dagli iconoclasti (che si opponevano al culto delle immagini), da cui la chiesa e il convento presero il nome.

L'interno della chiesa si presenta a navata unica, con un ricchissimo soffitto a cassettoni ad ornamenti dorati, di classico richiamo al rifacimento barocco degli interni in cui spiccano per stile architettonico due splendidi organi.

Sul portale interno d'ingresso si trovano tre tele dipinte da Luca Giordano. Nella chiesa riposano i resti di Santa Patrizia eletta patrona di Napoli al femminile, che come San Gennaro compie il prodigio della liquefazione delle proprie reliquie di sangue.

Al convento si accede alla fine di via San Gregorio ad angolo con vico Maffei.

L'ingresso al monastero è realizzato da uno scalone in piperno in suggestiva penombra, che superato il vestibolo immette in un bellissimo chiostro con archi e pilastrini laterali che sorreggono alcune terrazze di sosta e camminamento.

Al centro del chiostro si trova una fontana di fattura barocca che si inserisce scenograficamente tra due statue di marmo raffiguranti Gesù e La Samaritana, più una cappella in stile bizantino dedicata alla Madonna dell'Idria.

15) CHIESA DI SAN LORENZO MAGGIORE

Via San Gregorio Armeno – prima di giungere in Piazza
San Gaetano

Costruzione realizzata su resti di edifici paleocristiani, sorti a loro volta nella zona dove era anticamente l'Agorà greca e poi il foro romano. La chiesa venne eretta per volontà di Carlo I d'Angiò a partire dal 1270 in stile gotico, con lavori che si protrassero fino alla metà del 1300.

L'aspetto architettonico odierno che riflette quello originario si deve ad alcuni interventi conservativi attuati dopo la seconda guerra mondiale. Infatti, la chiesa, in epoca barocca, come molte altre in città di richiamo gotico, fu modificata e trasformata secondo il gusto del tempo.

Al suo interno si trovano nove cappelle con monumenti funebri realizzati da insigni artisti; si possono ammirare opere di Antonio Baboccio, Cosimo Fanzago e il Sepolcro di Caterina d'Austria eseguito da Tino da Camaino nel 1323. La chiesa accoglie inoltre le spoglie di alcuni personaggi illustri della Dinastia Angioina-Durazzo, quali quelle di Aldo Moresco e del politico, filosofo e scienziato napoletano Gian Battista della Porta (1535-1615).

Annesso alla chiesa si trova il convento dei frati minori francescani con un chiostro e una torre campanara del 1427 che fungeva anche da avvistamento sulla zona. Presso di essa in età medioevale era ospitato anche il tribunale detto di San Lorenzo, che oggi potremmo assimilare ad un Ministero degli Interni preposto al mantenimento dell'ordine pubblico in città.

La facciata della chiesa ha subito vari rimaneggiamenti nel corso dei secoli conservando della costruzione originaria il solo portale di epoca angioina, inserito nella facciata attuale realizzata dall'architetto Sanfelice nel 1742.

La chiesa di San Lorenzo Maggiore resta il luogo di culto per eccellenza di epoca angioina, durante la quale regali personaggi e letterati del calibro di Petrarca e Boccaccio soggiornarono a Napoli attratti da una città e una corte che all'epoca primeggiava in Italia e in Europa.

Di quei soggiorni, alcuni dei quali proprio presso il convento di San Lorenzo, le cronache riportano alcuni dettagli degni di essere ricordati. In proposito, Petrarca riferisce del penoso stato d'animo che lo colse mentre dormiva nel convento a seguito di alcune forti scosse di terremoto e del successivo lieto stupore che lo attanagliò per lo scampato pericolo.

Boccaccio invece racconta di un fortuito incontro d'amorosi sensi avvenuto nella chiesa di San Lorenzo. Trattasi di quello tra il poeta e la giovane Maria d'Aquino figlia di Re Roberto d'Angiò che lo scrittore immortalò nel FILOCOLO con il nome di Fiammetta (a ricordo della fiamma che la fanciulla gli accese nel cuore? Non è dato sapere)

Per tante storie e bellezza dei luoghi oggi il complesso è meta continua di visitatori, che possono aggiungere alla visita della chiesa anche il fascino degli scavi sotto il complesso conventuale; questi presentano uno spaccato dell'antico *macellum* romano che insisteva nell'area del Foro della città, dove alcune botteghe riportate alla luce lungo un'antica strada dell'epoca calano il visitatore alla vita quotidiana di tanti secoli fa.

16) CHIESA DI SAN PAOLO MAGGIORE

Piazza San Gaetano

Via Tribunali ex Decumano Maggiore

La chiesa di San Paolo Maggiore venne eretta intorno al 700 D.C. sui resti di un tempio pagano dedicato ai dioscuri Castore e Polluce, commissionato da un facoltoso liberto nei pressi del foro romano. La chiesa venne ricostruita e dedicata a San Paolo per commemorare la vittoria cristiana sui Saraceni (788-789) che con le loro scorribande lungo le coste napoletane razziavano e mettevano in pericolo la vita della popolazione.

A seguito del terremoto del 1688 che distrusse quasi totalmente la chiesa, l'edificio fu affidato ai padri Teatini che provvidero alla sua ricostruzione. I lavori di ristrutturazione iniziarono a partire dal 1500 e si protrassero per vari secoli fino alla realizzazione della facciata ad opera dell'architetto Giuseppe Astarita realizzata nel 1773. Dei precedenti resti di fabbrica dell'originario edificio furono utilizzate due colonne corinzie appartenute al tempio dei dioscuri, le quali dopo quasi 3000 anni sono ancora a testimoniare sul sagrato della chiesa i fasti urbanistici di una città millenaria.

A ricordo della ricostruzione operata dai Padri Teatini, seguaci di San Gaetano da Tiene, una statua del santo troneggia nella piazza antistante la chiesa. L'interno della chiesa a croce latina presenta tre navate con cappelle laterali ed un soffitto affrescato in origine con opere di Massimo Stanzione, in gran parte rovinate a seguito del bombardamento aereo del 1943. Degna di nota è la sacrestia in cui si possono ammirare tre opere di Francesco Solimena dedicate alla Caduta di Simon Mago, alla Conversione di San Paolo ed alcune allegorie sulle virtù, eseguite tra il 1689-1690.

17) CHIESA DI SANTA MARIA DELLE ANIME DEL PURGATORIO

Via Tribunali

Costruzione risalente al 1604, fatta edificare da una congregazione di nobili napoletani dedita al suffragio delle anime del Purgatorio. La tradizione popolare assegna a queste anime un ruolo di filtro e interfaccia con l'aldilà molto forte, tant'è che ancor oggi in ricordo di esse si trovano in alcuni rioni della città delle piccole edicole con pitture o statuette in creta raffiguranti corpi che escono dalle fiamme in attesa di purgarsi per ascendere al cielo.

L'interno della chiesa, a navata unica con cappelle laterali e un ipogeo, conserva alcune opere pittoriche di richiamo alla morte eseguite da Massimo Stanzione e Luca Giordano nel XVII secolo. Degna di particolare menzione è la facciata realizzata da Cosimo Fanzago nel 1652 che presenta intorno al portale e sulla cancellata che dà sulla strada una serie di piccole sculture raffiguranti teschi, ossa e clessidre a richiamo per i passanti a riflettere sulla caducità della nostra vita terrena. Riflessione che ancor oggi viene onorata dai napoletani con costanti mazzetti di fiori posti tra le sbarre della cancellata.

Nell'ipogeo della chiesa sono raccolti molti teschi anonimi, chiamati in dialetto "e capuzzelle e morte" a cui i napoletani da sempre dedicano per tradizione popolare preghiere di intercessione con le anime defunte.

Simbolo di questa atavica devozione che caratterizza ancor oggi il costume dei napoletani tra sacro e profano è un particolare teschio che, sfidando i ripetuti divieti ecclesiastici, è stato "battezzato" dal popolo con il nome di Lucia e ricoperto con un velo bianco, venendo eletto a intercessore con la divinità per le grazie da ricevere, in particolare per i desideri e gli affanni delle giovani spose.

Benché la chiesa ufficiale non abbia mai approvato tale usanza, è una tradizione così profondamente radicata nei napoletani da venir tollerata con occhio benevolo.

D'altra parte come sarebbe possibile diversamente in una città che presenta varie catacombe e tante gallerie tufacee in cui, per eventi vari, tra i quali alcune epidemie di peste, nel corso dei secoli sono stati ammassati milioni di scheletri e di ossa?

18) BASILICA DI SANTA MARIA MAGGIORE DETTA DELLA PIETRA SANTA

Via Tribunali angolo Via Del Sole

La costruzione della chiesa è una delle più antiche della città, voluta nel 553 d.C. dal Vescovo Pomponio, nei luoghi ove era esercitato il culto di Artemide e Diana e costituiva per l'epoca una delle più grandi Basiliche della città. Essa sorge nella zona che in epoca greco-romana menava in salita verso Capo Napoli, dove vi erano i templi pagani in onore delle varie divinità.

Non a caso l'attuale Via del Sole, nei pressi della quale sorge la chiesa, conserva tale nome in onore di Apollo. Nello spiazzo antistante la chiesa si trovano la cappella della famiglia Pontano, realizzata nel 1492 e il campanile della chiesa, di architettura preromana, costruito in parte con elementi di fabbrica provenienti dagli antichi templi pagani presenti nella zona.

La chiesa fu detta della Pietra Santa perché durante la sua ricostruzione, avvenuta nel 1620 fu posta come prima pietra della nuova fabbrica un masso su cui era incisa una croce.

Per gli spazi interni e per la sua enorme cupola la chiesa rappresentò per secoli il simbolo di una nuova moderna architettura nel contesto urbanistico della vecchia città greco-romana.

Ricostruita secondo i canoni barocchi del Fanzago, la chiesa oggi si presenta spoglia di arredi sacri ed è utilizzata spesso come spazio per eventi culturali in città.

Dell'antico splendore resta il pavimento in cotto e maioliche, realizzato da Giuseppe Mazza nel 1764 e restaurato nel 1992.

19) CHIESA CROCE DI LUCCA

Via Tribunali

Poco dopo la cappella Pontano, proseguendo per piazza Bellini si incontra ad angolo con piazza Luigi Miraglia l'antica chiesa della Croce di Lucca. Questa chiesa nel 1537 faceva parte in origine di una grande insula monastica che fino ai primi del novecento abbracciava grossomodo tutta la superficie occupata ora dalle cliniche universitarie del I policlinico. L'intervento di smembramento e risanamento della zona voluto da sindaco Luigi Miraglia ai primi del novecento fu molto criticato dagli intellettuali del tempo che si opposero alla soppressione del tempio, tant'è che la chiesa, seppur rimaneggiata fu lasciata all'esterno del perimetro ospedaliero.

La denominazione di questa chiesa e di un ex annesso convento di suore carmelitane proviene dalla devozione delle suore per un crocifisso presente nel duomo di Lucca.

Eretta assieme al monastero nel 1537, la chiesa fu sottoposta successivamente tra il 1643 e il 1654 ad opera dell'architetto Antonio Picchiatti ad alcuni interventi di ristrutturazione, che interessarono lavori di ampliamento e decorazione dell'interno e del chiostro.

La volta della chiesa risalente alla prima costruzione presenta un soffitto a cassettoni dorati con una tela di Giovan Vincenzo Forli raffigurante la

Madonna del Carmine e alcuni santi.

20) CHIESA DI SAN PIETRO A MAJELLA

Via omonima
Prosieguo Via Tribunali

Costruzione originaria in stile gotico realizzata per volontà di Giovanni Pipino da Barletta tra il 1300 e il 1400, con annesso monastero dei padri celestini, seguaci dell'eremita Pietro Angelerio da Morrone divenuto papa nel 1294 con il nome di Celestino V. Uomo di preghiera (fatto santo nel 1313) lontano dalle beghe del potere temporale della chiesa di Roma, questo papa è passato alla storia come il primo papa dimessosi dalla soglia di San Pietro. (Dante nella Divina Commedia lo pone nel girone degli ignavi). Lasciato l'abito papale, Celestino trovò rifugio nel regno di Napoli presso la corte di Carlo II d'Angiò in Castel Nuovo.

La chiesa originaria a pianta quadrata tra il 1493 e il 1508 fu modificata e ampliata per accogliere altri frati celestini provenienti da un convento dismesso. L'antica impostazione venne quindi trasformata in una rettangolare a tre navate che a sua volta nel 1600 fu ristrutturata secondo il gusto barocco dell'epoca. Nel 1900 a seguito di alcuni interventi conservativi, la chiesa è stata riportata al suo stile gotico originario.

Della decorazione originaria di impronta gotica sono ancora individuabili in due cappelle due cicli di affreschi di richiamo giottesco ed un quadro raffigurante la Madonna del Soccorso.

Del periodo barocco invece la chiesa conserva nel soffitto della navata centrale alcune tele di Mattia Preti risalenti al 1657-59 raffiguranti episodi della vita di Celestino V e di Santa Caterina d'Alessandria.

Annesso alla chiesa si trova l'antico convento dei frati che oggi è sede del conservatorio musicale di San Pietro a Majella, uno dei più prestigiosi d'Italia. L'attuale conservatorio sorse come centro di sintesi di ben quattro conservatori presenti in città che avevano come missione primaria lo scopo di educare e avviare alla musica i ragazzi di strada. Presso questo conservatorio si sono formati e hanno operato grandi personaggi della musica concertistica ed operistica del XVIII e XIX secolo tra cui: Cimarosa, Bellini, Rossini, Scarlatti e tanti altri che sarebbe lungo elencare.

Intorno al conservatorio, in Via San Sebastiano si sono sviluppate nel tempo molte botteghe di strumenti musicali, di cui le più famose furono quelle dei liutai Niccolò Gagliano e Raffaele Calace che primeggiavano con la costruzione di strumenti al arco (chitarre, mandolini, violini, violoncelli, contrabassi, ecc.) sul mercato nazionale del tempo.

Ciò a testimoniare una cultura musicale di prim'ordine della città, dalla quale la canzone napoletana messaggera di Napoli nel mondo, ha tratto beneficio e linfa per la sua costante innovazione e trasformazione.

21) SANT'ANTONIO DELLE MONACHE A PORT'ALBA

Piazza Bellini

Su un lato di piazza Bellini, che presenta al centro una statua del grande compositore catanese Vincenzo Bellini diplomatosi presso il vicino conservatorio musicale di S.Pietro a Majella, e un fossato con alcuni resti delle mura di cinta della città di epoca greca, spicca un edificio con uno scalone a due rampe di scale laterali, detto di *Sant'Antoniello*, oggi sede della Biblioteca della facoltà di lettere dell'università intitolata a Federico II di Svevia che a Napoli promosse il famoso "studio" federiciano, poi divenuto una delle prime università di studi in Italia.

L'edificio è un ex convento costruito intorno al 1564 per volontà di suor Paola Cappellani e delle sue seguaci in onore di Sant'Antonio da Padova. L'originaria struttura nel 1637 inglobò nella sua fabbrica l'attiguo palazzo della nobile famiglia Conca, di cui ancor oggi è individuabile tompagnato l'antico portale.

L'assetto definito del complesso, così come oggi si presenta, fu realizzato nel XVIII secolo mantenendo al suo interno, attigua ad un chiostro, l'antica chiesa in onore di S.Antonio. Gli interni con decorazioni a stucco di richiamo barocco presentano un altare maggiore di notevole pregio in marmo e madreperla, più una tela raffigurante San Giuseppe di Antonio

Sornelli del 1700 ed una in onore di San Filippo di Fernando Costiglia. Una terza tela di notevole pregio di Bernando Cavallino rappresentante Santa Cecilia in estasi, una volta posta sull'altare maggiore, si può oggi ammirare presso il museo di Capodimonte.

22) CAPPELLA SAN SEVERO

Via Francesco De Sanctis (Nei pressi di San Domenico
Maggiore)
(Ingresso a pagamento)

Costruzione risalente al 1590, iniziata da Giovan Francesco di Sangro come luogo dove conservare un quadro ritenuto "miracoloso" raffigurante una Pietà (tale quadro dal quale la cappella prese il nome di Santa Maria della Pietà è ancora oggi presente nella cappella alle spalle dell'altare). Successivamente, nel 1608 il figlio Alessandro rese la cappella luogo di sepoltura della famiglia.

Dal 1701 al 1710 il nipote di Francesco, principe Raimondo di Sangro, che fu esponente di rango della massoneria napoletana, iniziò la ristrutturazione della cappella addobbandola con opere d'arte di occulto richiamo allegorico. Questo principe, per i suoi molteplici interessi nei vari campi della scienza accompagnati spesso da sperimentazioni alchemiche, nonché per la sua poliedricità ed il suo genio, è passato alla storia come personaggio d'eccellenza della famiglia di Sangro, tant'è che oggi la sua figura, spogliata dalle tante macabre leggende che la circondarono, può ritenersi senz'altro la più significativa dell'età dei "lumi" a Napoli. Alla cappella si accede da via Francesco De Sanctis nei pressi di San Domenico Maggiore, poco distante dal palazzo di famiglia di Sangro.

La cappella nel corso degli ultimi secoli è diventata uno dei siti più gettonati dai turisti di passaggio per Napoli. Il motivo di tale successo è dovuto oltre che al fascino esoterico e misterioso della vita del principe, soprattutto ad una scultura in marmo eseguita nel 1753 da Giuseppe Sammartino raffigurante un Cristo velato, di straordinaria fattura e morbidezza statuaria, posto in posizione orizzontale al centro della cappella. La statua per postura plastica e raffinatezza scultorea del velo marmoreo che l'avvolge ha poco da invidiare al Cristo della Pietà di Michelangelo. La raffinatezza della scultura e della trasparenza del velo marmoreo scolpito in un tutt'uno sul corpo del Cristo morto è tale che la credenza di popolo attribuisce addirittura ad un'alchimia del principe la realizzazione del velo. Se ciò non bastasse, si dice anche che il principe, ad opera finita, fece uccidere l'autore perché non potesse ripetere per altri un'opera simile. In proposito le cronache dicono che lo scultore un giorno fu trovato morto in strada trafitto da un pugnale anonimo...

La cappella ad un'unica navata a botte presenta vari simboli di richiamo massonico e ai lati dello spettrale sepolcro di Cecco De Sangro due statue: la pudicizia velata e il disinganno di occulto significato, rispettivamente di Antonio Corradini e Francesco Queirolo.

Per il fascino esoterico dell'impianto architettonico, del Cristo Velato e dei racconti sulla vita del Principe (personaggio di spicco dell'illuminismo napoletano del '700), la cappella è diventata uno dei siti preferiti dai flussi turistici in città per i quali, *dulcis in fundo*, in ossequio alle sue sperimentazioni, il principe Raimondo in un locale attiguo pensò di condire il tutto anche con la vista di due ottime macchine anatomiche riproducenti in forma tridimensionale il sistema arterioso e venoso del corpo umano (roba da far invidia a molte trasmissioni TV di divulgazione scientifica).

23) CHIESA DI SAN DOMENICO MAGGIORE

Piazzetta omonima nei pressi di Via Benedetto Croce ad angolo con Via Mezzocannone

Costruzione realizzata tra il 1238 e il 1324 per volere di Carlo II D'Angiò in stile gotico il cui originale ingresso si trovava all'interno del vecchio perimetro della città greca romana, le cui mura di cinta passavano proprio in prossimità dell'attuale piazza di San Domenico. A partire dal XV secolo furono iniziati lavori di demolizione delle antiche mura con riordino degli spazi della zona che con interventi alterni si protrassero fino al 1800.

La realizzazione della piazza, con la nascita di alcuni edifici nobiliari intorno (Palazzo Sangro di San Severo – Palazzo Petrucci – Palazzo Calenda), permise di aprire su di essa un nuovo ingresso alla chiesa relegando quello iniziale all'interno di un cortile laterale al quale oggi si accede da Vico San Domenico.

La basilica all'atto della costruzione inglobò nella sua fabbrica una preesistente chiesa detta di Sant'Angelo a Morfisa, che oggi costituisce una grande cappella all'interno della chiesa e a cui si accede come seconda entrata alla basilica, da uno scalone esterno in piazza, fatto costruire dalla famiglia Petrucci attiguo al loro palazzo.

Al centro della piazza troneggia una bellissima guglia in onore di San Domenico, fatta erigere come ringraziamento al Santo per la fine della peste del 1656 che mieté gran parte della popolazione di Napoli. Tale evento determinò un forte incremento di ammassamenti di scheletri e teschi nelle caverne sotto la città, tra le quali restano famosi i cimiteri della chiesa di San Gaudioso e quello delle fontanelle nel Rione Sanità.

La configurazione attuale della basilica presenta una pianta a croce latina a tre navate con cappelle laterali che a seguito di alcuni rifacimenti in epoca barocca hanno perso il loro originario aspetto gotico, di cui resta però a testimonianza la cappella Brancaccio con affreschi di richiamo giottesco. Degno di richiamo è un Crocifisso del 1200 posto nel cappellone in onore del dottore Domenicano napoletano San Tommaso D'Aquino che nel monumentale convento annesso alla chiesa operò per lunghi anni, divenendo dopo il concilio di Trento un faro di innovativa dottrina per tutta la chiesa cattolica.

Di grande richiamo storico-artistico è inoltre la sagrestia della chiesa affrescata da Francesco Solimena, che lungo le pareti presenta una balconata perimetrale in cui sono depositate 45 casse (arche), con drappi e stemmi di colori diversi che contengono in massima parte i resti reali dei dignitari della dinastia Aragonese presente in città dal 1441 al 1503.

24) CHIESA DI SANT'ANGELO A NILO

Piazzetta Nilo – angolo via Mezzocannone di fronte Piazza
S. Domenico Maggiore

Costruzione voluta dal cardinale Rinaldo Brancaccio tra il 1385 e il 1401 del cui aspetto originario, modificato intorno al 1500, conserva soltanto il vecchio portale in legno scolpito con bassorilievi raffiguranti alcuni santi e la Madonna dell'Annunziata. La chiesa, dedicata a San Michele Arcangelo, fu poi detta di Sant'Angelo a Nilo perché sorse in un quartiere della città greco-romana occupata anticamente da una comunità di alessandrini che a ricordo delle loro origini avevano fatto edificare nella zona una statua in onore del Dio Nilo, tutt'oggi visibile nei pressi della chiesa. All'atto della costruzione, l'accesso alla chiesa era in via Mezzocannone, strada così chiamata a ricordo di una fontana in zona, che aveva una cannula d'emissione simile ad un tronco di cannone. Nel XVI secolo, a seguito di alcuni lavori di ristrutturazione, il vecchio impianto della chiesa venne quasi del tutto modificato, con spostamento dell'originario portale d'ingresso da via Mezzocannone a piazzetta Nilo. L'interno della chiesa si presenta come un grosso refettorio rettangolare con due cappelle laterali, in una delle quali è posto il monumento funebre del cardinale Rinaldo Brancaccio (1428) commissionato a Michelazzo e Donatello da Pisa. Il sepolcro molto probabilmente fu eseguito in Toscana e poi trasportato a Napoli dove fu poi assemblato nella chiesa. La sacrestia conserva due affreschi che in origine si trovavano all'esterno dell'edificio: essi raffigurano "La Madonna in trono con San Michele" e "L'adorazione di Sant'Andrea" da parte del cardinale Brancaccio.
Dalla chiesa si accede ai locali (oggi inglobati nella fabbrica dell'università Federico II) della biblioteca Brancacciana, che fu una delle più importanti del XVII secolo e attualmente costituisce patrimonio della Biblioteca Nazionale, quest'ultima sita nei giardini di Palazzo Reale nei pressi di piazza del Plebiscito.

25) CHIESA E MONASTERO DI SANTA CHIARA

"Munastero 'e santa chiara tengo 'o core scuro scuro ma pecche' pecche' ogne sera penso a napule comm'era penso a napule comm'e'..."

Così alcuni versi di una canzone napoletana del secondo dopoguerra evocano nell'immaginario collettivo uno dei più suggestivi edifici religiosi della città di epoca angioina. E niente più di questa struggente e nostalgica canzone ricorda la grandezza storica e i dolori patiti da Napoli a seguito dei bombardamenti aerei del 1943.

Era il 4 agosto del 1943, quando dal cielo piovvero su Napoli e sulla popolazione centinaia e centinaia di bombe che distrussero molti edifici e chiese della città. Alcune di quelle bombe colpirono il complesso di Santa Chiara mandando in rovina quasi completamente la chiesa che lentamente, nel corso del dopoguerra, è stata ricostruita rispettando l'antico impianto di richiamo gotico.

Infatti, l'originaria costruzione risale agli anni tra il 1310 e il 1328 e fu voluta da re Roberto d'Angiò e sua moglie Sancia di Maiorca come sede regale di culto e sepoltura della dinastia angioina; il che fa supporre che in origine la chiesa doveva possedere molte opere d'arte poi andate perdute a seguito di eventi successivi (oggi una cappella della chiesa accoglie anche i resti di alcuni personaggi di casa Borbone).

Eretta in stile gotico provenzale, la chiesa presenta una facciata spoglia di ornamenti tranne un rosone centrale e una cornice intorno al portale. L'architettura interna di epoca angioina fu completamente stravolta da lavori di ristrutturazione di gusto barocco eseguiti nel corso del 1700 che a loro volta furono del tutto distrutti dal bombardamento aereo degli alleati del 1943 che provocò un incendio durato 48 ore, alla fine del quale della ricostruzione settecentesca non rimase quasi nulla, tetto compreso. Restaurata nel corso del XX secolo la chiesa si presenta oggi a navata unica con cappelle laterali, conservando di epoca angioina il monumento funebre di re Roberto d'Angiò, eseguito da Giovanni e Pacio Bertini tra il 1343 e il 1345, le tombe di Carlo duca di Calabria e di Maria di Valois attribuite a Tino di Camaino e un compianto scultoreo sul Cristo deposto.

Annesso alla chiesa si trova il famoso monastero di Santa Chiara, fatto erigere per accogliere le suore di clausura seguaci della santa di Assisi ospitate temporaneamente durante la costruzione del monastero nella vicina chiesa di San Francesco delle monache (luogo oggi sede di attività culturali). Il monastero ingloba al suo interno un grande chiostro con un portico perimentrale ad archi, sotto i quali si trovano varie aperture che conducono ai vani interni della fabbrica conventuale. Nel settecento, per volontà della badessa Ippolita Carmignano, furono commissionati sulla scia del gusto barocco dell'epoca alcuni lavori di ristrutturazione del chiostro, che ne trasformarono l'antico aspetto in quello attuale. Tali lavori vennero affidati a Domenico Antonio Vaccaro che, salvaguardando il portico, praticò sul giardino del chiostro due vialetti ad incrocio lungo i quali collocò una serie di panche in pietra e di pilastrini ottagonali a supporto della crescita di un enorme pergolato. Le panche e i pilastrini tra il 1740 e il 1742 furono poi rivestiti con maioliche realizzate dalla bottega dei fratelli Donato e Giuseppe Massa, che realizzarono per le panche decorazioni di vita cittadina e campestre, mentre per i pilastrini usarono immagini di rampicanti con tralci di vite e glicine. Il tutto si presenta come un caleidoscopio di colori, sovente riprodotto da pittori dell'ottocento e del novecento napoletano.

Tuttavia da tanta storia e bellezza non si può uscire senza soffermare lo sguardo sulla torre campanaria del trecento e sugli scavi del Museo dell'opera di Santa Chiara che hanno riportato alla luce, in uno spazio attiguo alla chiesa, i resti di un antico edificio termale di epoca greco-romana che nei secoli, come in tante altre parti della città, sono stati sepolti sotto le costruzioni di nuove strade ed edifici.

26) CHIESA DEL GESÙ NUOVO

Piazza omonima – poco distante da Santa Chiara

Costruzione con annesso convento fatta edificare dalla potente compagnia dei gesuiti tra il 1584 e il 1601 in onore dell'Immacolata, poco distante da un'altra chiesa in zona, detta del Gesù Vecchio, risalente alla metà del cinquecento, in via Paladino.

La nuova chiesa fu eretta sulla fabbrica quattrocentesca del palazzo Principe Sanseverino, che subì la confisca dei beni e l'ostracismo del governo spagnolo, per essersi opposto, assieme ad altri nobili e al popolo, all'introduzione nel regno di Napoli del famigerato tribunale ecclesiastico dell'Inquisizione di matrice spagnola. In proposito è da ricordare che a servizio di questo principe vi fu il padre di Torquato Tasso, che subì assieme alla sua famiglia la cattiva sorte del principe (da qui le peripezie del poeta presso alcune corti d'Italia).

Il Palazzo Sanseverino, dopo la confisca ad opera del governo spagnolo, rappresentato all'epoca dal viceré Don Pedro di Toledo, fu messo in vendita e venne acquistato con un sostanzioso lascito della principessa Bisignano dalla compagnia di Gesù. A memoria dell'azione svolta da questa principessa a favore dei gesuiti, una lapide ne ricorda il nome sul portale della chiesa. A destra di essa si trova un edificio che in origine faceva parte del complesso conventuale. Questo edificio eretto nel 1600 è attualmente occupato da un liceo intitolato ad Eleonora Pimentel Fonseca, nobile figura dell'aristocrazia napoletana, mandata al patibolo in piazza Mercato dai Borbone per aver sposato la causa della rivoluzione partenopea del 1799. L'edificio in origine fu sede della *casa professa* di cui si conserva ancora una magnifica biblioteca con scaffalature del '700 realizzate da Domenico di Nordo.

Sul lato sinistro della chiesa si trova invece un altro antico edificio (oggi in parte occupato da un altro liceo intitolato al grande esponente dell'illuminismo napoletano Antonio Genovesi, fondatore della prima cattedra in Europa di economia politica), che eretto nel 1592 fu per molti decenni sede di congregazioni. L'androne di questo edificio, oggi liceo Genovesi, era in origine la sacrestia dell'oratorio dei nobili mentre le sale interne (attuali palestre della scuola) fungevano da oratorio per i nobili e oratorio per le dame. Al centro dei menzionati edifici è collocata la chiesa del Gesù, iniziata nel 1584 e terminata nel 1601, che utilizzò come facciata quella già esistente di palazzo San Severino, a punta di diamante concepita da Novello di San Lucano alla fine del '400. A proposito di questa facciata vi è da dire che è caratterizzata da particolari bugne, una sorta di piccole piramidi con la cuspide rivolta verso l'osservatore, normalmente usate dal Rinascimento veneto e del tutto sconosciute nel Meridione. Queste presentano degli strani segni incisi dai "tagliapietra" napoletani che avevano sagomato la durissima pietra di piperno, segni che tradizionalmente erano interpretati come caratterizzanti le diverse squadre di lavoro che si alternavano nella sagomatura delle bugne. A riguardo si dice che nel Rinascimento esistessero a Napoli alcuni maestri della pietra che si credeva fossero in grado di caricarle di energia positiva per tenere lontane le energie negative. Gli strani segni incisi che si riconoscono sulla facciata ai lati delle "bugne" sono disposti in modo da costruire un percorso grafico, tale da lasciare intuire una chiave di lettura occulta. Essi hanno dato luogo ad una curiosa leggenda, che vuole che chi fece edificare il palazzo avesse voluto servirsi in fase di costruzione di maestri "pipernieri" che avevano anche conoscenza di segreti esoterici. Segreti tramandati solo oralmente e sotto giuramento dai maestri agli apprendisti, capaci di caricare la pietra di energia positiva. I misteriosi graffiti sulle piramidi della facciata, secondo la leggenda, avevano a che fare con queste arti magiche o conoscenze alchemiche. Essi dovevano convogliare tutte le forze positive e benevole dall'esterno verso l'interno del palazzo. Ora però avvenne che per imperizia o malizia dei costruttori, queste pietre segnate non furono piazzate correttamente, per cui l'effetto fu esattamente opposto: tutto il magnetismo positivo veniva convogliato dall'interno verso l'esterno dell'edificio, attirando così ogni genere di sciagure sul luogo.

Questa sarebbe la ragione per cui nel corso dei secoli tante sventure si sono abbattute su quell'area: dalle confische dei beni ai Sanseverino, alla distruzione del palazzo, all'incendio della chiesa, ai ripetuti crolli della cupola, alla cacciata dei Gesuiti, e così via.

Venendo all'interno della chiesa vi è da dire che esso presenta una pianta a croce greca a tre navate con cappelle laterali che per ricchezza e stile decorativo rappresenta l'esempio più significativo di manifattura barocca napoletana.

Presso questa chiesa si possono ammirare opere dei più grandi artisti che operarono a Napoli quali: *Jusepe de Ribera* (storie di Sant'Ignazio), *Cosimo Fanzago* (David e Geremia), *Giovanni Lanfranco* (gli evangelisti), *Luca Giordano* (storie di San Francesco), *Francesco Solimena* (la cacciata di Elidoro dal Tempio). Degna di particolare nota è inoltre la cappella di S. Anna che conserva 64 busti di santi in legno dipinto, con relative reliquie, realizzati da Domenico di Nardo.

Da alcuni decenni l'edificio religioso ospita una sezione con ex voto, attrezzi da lavoro e suppellettili appartenuti al beato Padre Moscato, un valente medico del XIX secolo, che mise a disposizione dei più diseredati della città la carità cristiana del suo operato. Il popolo napoletano ha per questa figura una devozione particolarmente sentita.

Al centro della piazza sulla quale si affaccia la chiesa si erge una maestosa guglia con in cima una statua della Madonna Immacolata, sul capo della quale, ogni 8 dicembre, i vigili del fuoco tramite un'enorme scala retrattile, depongono una corona di rose a nome delle autorità civili e di tutti i fedeli della città. L'attuale guglia sorge nel luogo dove il governo spagnolo aveva fatto erigere una statua equestre in onore di una preannunciata visita in città di Carlo V re di Spagna. Nel 1707, con l'arrivo di nuovi invasori, questa volta austriaci, la statua equestre venne abbattuta dal popolo e al suo posto i gesuiti fecero erigere la guglia in onore dell'Immacolata. Alla realizzazione del monumento parteciparono due dei più grandi scultori del tempo presenti in città: Francesco Pagani e Matteo Bottiglieri, che la abbellirono con vari rilievi di richiamo religioso. Una curiosa leggenda narra di certe figure blasfeme e dell'immagine stessa della morte, che le sculture e gli ornamenti della guglia mettono in evidenza in particolari momenti del giorno, secondo il punto prospettico dell'osservatore (l'immagine della morte con falce per esempio apparirebbe al tramonto osservando la statua vista da dietro). In verità la guglia, nella sua imponenza, voleva testimoniare, oltre che un atto di devozione verso la Madonna, soprattutto la forza e la potenza della

committenza, cioè quella dei gesuiti, che successivamente con Ferdinando
IV di Borbone spinto dal ministro Tanucci vennero poi privati nel 1767,
al pari di altri ordini religiosi presenti in città, dei molti privilegi che
avevano accumulato nel tempo.

27) CHIESA DI S. ANNA A MONTEOLIVETO POI DETTA DEI LOMBARDI

Via omonima tra piazza Carità e via Monteoliveto

Costruzione risalente al 1411 realizzata a seguito di un cospicuo lascito di
Gurello Origlia dignitario del re Ladislao di Durazzo. In origine la chiesa
presentava un'architettura di richiamo gotico catalano di cui attualmente
sono ancora visibili l'arco del portico e i finestroni della cappella Origlia.
Ristrutturata secondo il gusto barocco imperante nel XVII secolo, la
chiesa oggi si presenta a navata unica con cappelle laterali, in due delle
quali si trovano alcune ambientazioni artistiche di notevole richiamo. In
particolare nella cappella gentilizia della famiglia *Piccolomini* si può
ammirare la Tomba di Maria d'Aragona e l'altare con la realizzazione di
un presepe d'epoca. Nella cappella Correale-Mastrogiudice si trova invece
un altare di fine quattrocento attribuito all'architetto Benedetto da
Maiano con una rappresentazione a rilievo in onore dell'Annunciazione,
mentre nella cappella della famiglia Origlia è da vedere un gruppo di
statue in terracotta di fine quattrocento di Guido Mazzoni raffiguranti un
compianto sul Cristo morto.
Infine, degna di nota è la sagrestia affrescata da Giorgio Vasari, con una
serie di tarsie in legno alle pareti di pregiata fattura realizzate nel 1506
dall'abate Fra Giovanni da Verona.
Annesso alla chiesa vi era un convento di frati che, dopo l'unità d'Italia,
fu in parte destinato a sede dell'attuale caserma dei carabinieri Pastrengo.
A riguardo è da ricordare che, a partire dalla seconda metà del
quattrocento, la chiesa e il complesso conventuale costituirono per secoli
un'estesa insula monastica con molti chiostri e giardini e che godettero di

grande protezione e favori da parte della dinastia aragonese che elesse l'edificio religioso a propria sede di riferimento di culto. Nel XIX secolo la chiesa fu affidata alla congregazione di S. Anna dei Lombardi da cui deriva l'attuale denominazione.

28) CHIESA DI SANTA MARIA LA NOVA

Via Santa Maria dell'Aiuto (Zona Monteoliveto)

L'attuale chiesa, in una zona interna tra Via Monteoliveto e Via Mezzocannone, fu realizzata nel 1599 da Giovan Cola Di Franco in sostituzione di un'altra antica chiesa in onore di Santa Maria al *Palatium* che si trovava nei luoghi dove nel 1268 Carlo D'Angiò decise di far edificare Castel Nuovo (Piazza Municipio). Durante il periodo di dominazione spagnola la chiesa divenne luogo di culto privilegiato dell'aristocrazia del tempo, di cui all'interno restano alcune cappelle di nobili famiglie.

La chiesa faceva parte di un monastero francescano che aveva al suo interno due chiostri dei quali il più grande, detto di San Giacomo, in stile rinascimentale fiorentino è ancora oggi esistente e visitabile.

Il complesso conventuale è oggi occupato da alcuni uffici della provincia di Napoli, che ha sede principale poco distante in piazza Matteotti nei pressi della Posta centrale, edificio questo di architettura di epoca fascista. L'interno della chiesa a navata unica presenta cappelle laterali e un soffitto a cassettoni dorati. Vi si possono ammirare dipinti di alcuni artisti che operarono a Napoli nel XVII secolo quali Curia, Santafede, Imporato, Corenzio e Rodriguez.

PALAZZO PENNA (EXTRA-PERCORSO)

Continuazione di Via S. Maria dell'Aiuto

Questo edificio lungo il tratto di strada interna che da Santa Maria La Nova conduce alla Basilica di San Giovanni Maggiore, è degno di nota perché resta l'esempio più significativo dell'architettura abitativa del XV secolo a Napoli. Il palazzo fu fatto costruire da Antonio Penna, che fu segretario del re Ladislao Durazzo. Elemento caratterizzante dell'abitazione è la facciata esterna realizzata con bugne su cui in modo alterno sono rappresentati i segni araldici della famiglia Penna (*la piuma*) e quelli della corte reale angioina (*i gigli*). Il portale ligneo originario porta un festone interno su cui sono incisi alcuni versi del poeta latino Marziale. Il palazzo è definito sui lati da un cornicione a bugne su cui sono riportate le corone e le armi della dinastia Durazzo. Su di un lato sono visibili due finestre a croce guelfa caratteristiche del tempo. L'interno presenta un ampio portico con cinque arcate.

Dopo Penna il palazzo fu abitato da altre nobili famiglie finché verso la metà del 1700 divenne dimora del vulcanologo Teodoro Monticelli che vi allestì la sua vasta collezione di reperti vulcanologici, raccolti sul Vesuvio e in varie parti d'Europa su commissione di casa Borbone.

29) BASILICA DI SAN GIOVANNI MAGGIORE
(FUORI PERCORSO)

Piazzetta omonima di fianco l'Università di Lingue Orientali
e la Cappella Pappacoda

La Basilica di San Giovanni Maggiore è una delle quattro basiliche più antiche di inizio cristianesimo presenti in città. Infatti, la sua fabbrica riveduta e corretta varie volte nel corso dei secoli si è sviluppata nel tempo su un tempio pagano voluto dall'imperatore Adriano in onore di Antinoo. Nel corso del 1300, il tempio pagano venne consacrato al cristianesimo dal vescovo Vincenzo. A partire dal 1656 il complesso venne ristrutturato dall'architetto Dionisio Lazzari, per poi essere rimaneggiato tra il 1872 e il 1887 in seguito del crollo della volta. Appartiene a quest'epoca il posizionamento dell'altare maggiore assieme alle quattro colonne in stucco sul fondo paleocristiano dell'abside.

Ma la basilica non finì le sue tribolazioni perché a causa dei bombardamenti del 1943 subì ulteriori danni che hanno richiesto molti decenni per essere riparati. Dal 2012 riaperta al culto, la basilica si presenta maestosa nella sua strutturazione che conserva di quella originaria i pilastri del 1200 dell'abside con i resti di un'antichissima tribuna. L'interno si presenta a croce latina a tre navate delimitate a destra e sinistra da cinque archi a sesto acuto con varie cappelle laterali. Dalla navata di sinistra, prima del transetto si accede ad un oratorio detto dei sessantasei sacerdoti. Sul lato sinistro della porta d'ingresso all'oratorio è visibile un'antica lapide, risalente all'800-900 d.C., con un'invocazione a S. Gennaro o a S. Giovanni (non è chiaro) per la città di *Parthenope*. Ciò a testimoniare che a quel tempo Napoli era ricordata ancora con il nome della leggendaria sirena.

L'oratorio si compone di due locali, il primo adibito ad antica sacrestia con una fontana marmorea ed il secondo ad effettivo oratorio allestito e affrescato nel 1694 secondo il gusto del tardo barocco napoletano. Di notevole interesse è anche la *congrega dei Bianchi del S.S. Sacramento* e l'ipogeo sotto la chiesa, oggi spoglio retaggio sepolcrale di antica epoca.

Dal novembre del 2011, su concessione del cardinale Sepe, alcune storiche chiese di Napoli in abbandono sono state affidate alla cura e alla valorizzazione del loro patrimonio artistico-culturale ad alcune benemerite associazioni. Infatti, oggi la basilica è sotto "tutela e promozione" dell'ordine e delle associazioni degli ingegneri.

30) CHIESA DI SAN DIEGO DELL'OSPEDALETTO
Via Medina

Scendendo da Monteoliveto, all'inizio di Via Medina proprio di fronte la questura centrale e il primo grattacielo sorto in città negli anni '60, oggi albergo a cinque stelle, si incontra sulla sinistra una chiesa del 1514 che nel tempo fu dedicata a vari santi: prima a San Gioacchino, poi a San Giuseppe e infine per volontà dei frati minori a cui fu assegnata a San Diego D'Alcalà.

La chiesa è comunque generalmente conosciuta come San Diego

all'ospedaletto a causa di un ospedale ospitato in un annesso convento che la nobildonna Giovanna Castriota, magnanima fondatrice del tempio, fece costruire per la cura dei nobili caduti in disgrazia economica. Nel 1595 il complesso si arricchì di un imponente chiostro, oggi occupato da alcuni corpi di polizia.

L'interno del tempio a tre navate presentava in origine alcuni affreschi di importanti pittori del tempo, quali Battistello Caracciolo, Andrea Vaccaro e Massimo Stanzione che a causa del terremoto del 1784 furono in parte distrutti e dei quali resta come testimonianza soltanto l'opera di Battistello Caracciolo scampata al sisma e ai danni del bombardamento aereo sulla città del 1943.

La chiesa conserva tuttavia due opere su tela dei citati artisti: *il transito di San Giuseppe* di Massimo Stanzione e un *S. Antonio da Padova* di Andrea Vaccaro.

Inoltre vi si possono ammirare alcune tombe signorili dei Principi Piombini realizzate nel 1703 dallo scultore Giacomo Colombo.

31) CHIESA DI SAN GIORGIO DEI GENOVESI

Via medina

Costruzione del tardo cinquecento fatta erigere da una comunità di genovesi che aveva relazioni politiche e commerciali a Napoli. La chiesa fu eretta sul luogo dove precedentemente era stato costruito il primo teatro stabile della città detto *Teatro della Commedia Vecchia*. Alla chiesa si accede da via Medina tramite due rampe curve laterali di grande effetto architettonico. Attualmente la chiesa è chiusa al culto.

L'interno della chiesa, che si presenta a croce latina con navata unica rivestita da stucchi e con una cupola, conserva una gran quantità di opere d'arte, la più celebre delle quali è un dipinto di Battistello Caracciolo, *Sant'Antonio risuscita un morto*; quest'opera, è una chiara testimonianza di quanto l'arte del Caravaggio abbia influenzato quell'epoca e l'artista, nonché la pittura napoletana.

Altre opere da menzionare sono gli affreschi di Giacomo Cestaro nella terza cappella a destra, il dipinto *San Giorgio che uccide il drago* di Andrea da Salerno, posto nell'abside nonché la pala marmorea di scuola toscana settecentesca raffigurante *Sant'Agostino* nel transetto di sinistra.

32) CHIESA DELLA PIETA' DE' TURCHINI

Via Medina

Costruzione eretta con annesso conservatorio musicale tra il 1592 e il 1607 ad opera della confraternita dei Banchi di Santa Maria Incoronatella, che aveva come scopo l'avviamento alla musica dei ragazzi bisognosi. La chiesa fu detta de' Turchini in ossequio al colore dei camici che i ragazzi indossavano.

Presso il conservatorio si sono formate generazioni di artisti, tra cui spicca il nome di Alessandro Scarlatti. Tale conservatorio, assieme ad altri tre presenti in città, venne riunito in quello di San Pietro a Majella. L'attività concertistica e il nome della vecchia struttura è oggi comunque presente in città grazie alla rinnovata azione di giovani orchestre e singoli artisti aderenti *all'Orchestra Scarlatti.*

La chiesa a navata unica con cappelle laterali conserva dipinti di grandi artisti napoletani, operanti a Napoli tra il '600 e '700 tra cui una *sacra famiglia* di Battistello Caracciolo e due tele di Luca Giordano, più una *deposizione* di quest'ultimo precedentemente posta nel soffitto dell'attigua congrega.

33) CHIESA DELL'INCORONATA

Via Medina

La chiesa risale alla metà del 1300 al tempo di Giovanna I d'Angiò che ne favorì la costruzione a ricordo della sua incoronazione a regina di Napoli nel 1352. Essa fu per più di un secolo sede di culto e incoronazione della dinastia Angioina e Aragonese. Era detta dell'incoronata in ossequio alla corona di spine posta sul capo di Gesù, di cui un'effige in pietra sul portale testimonia ancora oggi il ricordo. A partire dal 1500 la chiesa subì un lento declino, dovuto al piano di ristrutturazione della zona che prevedeva la costruzione di un secondo fossato intorno Castel Nuovo (gli scavi per la stazione della metropolitana in piazza Municipio testimoniano visivamente la costruzione del secondo fossato). Il materiale di risulta dei lavori effettuati nel 1500 furono utilizzati come materiale riempitivo per il livellamento della zona, il che produsse l'affossamento della chiesa di circa tre metri rispetto al piano stradale.

Ristrutturata nel XVIII secolo con gusto barocco, nel secolo successivo la sua sorte comunque non migliorò perché venne inglobata nel basamento di un edificio civile da cui fu liberata soltanto alla fine del 1961.

Dopo il terremoto del 1980 sono stati effettuati interventi conservativi di risanamento e consolidamento. A seguito di tali interventi dal 1993 la chiesa è stata riaperta al culto mostrando dell'originaria costruzione il portico e una serie di affreschi di stile giottesco del 1300 riproducenti personaggi della società civile del XV secolo, per la qual cosa è estato ipotizzato che l'edificio avesse funzionato per qualche tempo anche come palazzo di giustizia. Di particolare interesse è una parte di affresco realizzata da Roberto d'Oderisio raffigurante il volto della regina Giovanna I, nipote ereditaria di Roberto d'Angiò che, oltre ad essere devota sostenitrice della chiesa, fu considerata donna di grandi appetiti sessuali (quattro mariti e numerosi amanti!) e la cui reggenza fu molto amata dal popolo.

34) PONTIFICIA REALE BASILICA DI S. GIACOMO DEGLI SPAGNOLI

Piazza Municipio

Costruzione iniziata a partire dal 1540 per volontà del vicerè Don Pedro da Toledo come ampliamento di una precedente chiesa con annesso ospedale, fatto edificare dal marchese del Vasto per la cura degli infermi di nazionalità spagnola presenti in città. I lavori furono possibili grazie ad una raccolta di fondi attuata tra l'aristocrazia e le truppe spagnole di istanza in città, che erano *acquattate* in una vasta zona che dalle spalle di via Toledo saliva fino all'attuale strada di corso Vittorio Emanuele. Tale zona ancor oggi è individuata come retaggio di quell'epoca con il nome di Quartieri Spagnoli.

Con la venuta dei Borbone l'ex edificio ospedaliero attiguo alla chiesa venne adibito a sede amministrativa della città prendendo il nome di palazzo S. Giacomo. Tra il 1819 e il 1825 a causa della sistemazione dell'attuale piazza Municipio, la chiesa venne incorporata nell'architettura dell'odierna facciata di palazzo S. Giacomo che ancora oggi in era repubblicana continua la sua funzione di sede municipale della città.

Alla chiesa si accede tramite uno scalone ai lati del quale si trovano i monumenti funebri di Ferdinando Maiorca e della moglie Porzia Coniglia, opere del tardo cinquecento attribuite a Michelangelo Naccherino.

L'interno si presenta a tre navate con cappelle laterali. Alle spalle dell'altare maggiore, in un ampio spazio, si trova il monumento funebre di Don Pedro de Toledo e della prima moglie Maria Osorio Pimentel in atteggiamento di preghiera. Autore del sepolcro è Giovanni da Nola che impiegò circa venti anni per la sua costruzione, iniziata quando Don Pedro era ancora in vita, dal 1550 al 1570.

Le statue che raffigurano i due coniugi poggiano su un basamento di forma quadrata, decorato e con quattro capitelli corinzi agli angoli su cui poggiano le statue allegoriche delle quattro *Virtù Cardinali*: la *Temperanza*, la *Prudenza*, la *Fortezza* e la *Giustizia*. Ai lati del sepolcro sono scolpiti alcuni bassorilievi che richiamano le gesta del governatore spagnolo, autore tra l'altro di una delle arterie più famose e importanti della città: via Toledo.

La chiesa fu per lungo tempo sede di culto dell'aristocrazia spagnola la quale, rappresentata da delegati della corona di Spagna detti vicerè, governò la città per circa due secoli (1503-1707), trasformando usi, costumi e mentalità della precedente città di epoca Angioina-Aragonese che le cronache avevano fatto primeggiare in tutta Europa per la correttezza della popolazione e la bellezza dei luoghi.

35) **CHIESA DI SAN FERDINANDO**

Piazza Trieste e Trento (nei pressi di Piazza Plebiscito)

Costruzione del 1622 dedicata a San Francesco Xavier dell'ordine dei gesuiti. La chiesa, nel corso dei secoli successivi, subì vari rimaneggiamenti, compresa la facciata di Cosimo Fanzago che in origine era chiusa sulla piazza da un'artistica cancellata realizzata dallo stesso.

A fine ottocento, a causa dei lavori per la costruzione della galleria Umberto I che interessarono anche il riordino della piazza, la chiesa fu inglobata tra due edifici civili che comportarono la rimozione della cancellata esterna. La chiesa a navata unica con tre cappelle laterali per lato, presenta una cupola ridipinta ai primi del novecento da Giovanni Diana e un soffitto (affrescato da Paolo De Matteis, allievo di Luca Giordano) raffigurante scene della vita di San Francesco Saverio. Nel 1767, anno della cacciata dei gesuiti dal regno di Napoli, la gestione della chiesa venne affidata alla Reale confraternita di Nostro Signore dei Sette Dolori di cui Re Carlo di Borbone fu Superiore Perpetuo e Fratello Maggiore.

A causa di tale genesi, la chiesa ancora oggi è gestita per conto dei discendenti della casa Borbone da un rappresentante della "Real Casa di Borbone delle due Sicilie" con il titolo di Vice Superiore.

Per la vicinanza al teatro San Carlo, e per l'attività imprenditoriale musicale che fino a qualche decennio addietro si svolgeva giornalmente nella galleria Umberto I, la chiesa è diventata nel corso del tempo luogo di culto e di cerimonie per molti artisti napoletani.

Come nota di colore, riporto che in un angolo in basso della facciata, oggi si trova ed opera il "banco" di una figura tipica del palcoscenico napoletano: l'acquafrescaio, che serve sciroppi ghiacciati e premute di agrumi del Golfo degni della migliore tradizione partenopea.

Fuori Programma

Il Decumano superiore
e le chiese lungo il suo percorso

Da Via della Sapienza nei pressi del museo archeologico a Via Carbonara

Il percorso del decumano superiore si snoda lungo un vecchio tracciato viario della Napoli greco-romana prospiciente il profilo dell'altura (collina di S. Aniello) sovrastante l'attuale via Foria che immette nel vallone di rione Sanità, quest'ultimo all'epoca greco-romana zona cimiteriale fuori le mura della città.

Tale percorso pur presentandosi come un lungo tortuoso serpentone che da via della Sapienza (traversa di via Costantinopoli nei pressi del Museo) arriva fino a Via S. Sofia all'incrocio con via Carbonara, assume lungo il suo camminamento nomi stradali diversi, dei quali quello di via Anticaglia resta nell'immaginario collettivo il compendio di tutti.

La zona su cui tale strada si snoda era conosciuta anticamente anche con il nome di Marmorata a causa degli edifici e dei templi pagani in marmo che l'arricchivano. Successivamente, nel medioevo la strada prese il nome di Anticaglia perché le nuove costruzioni che vi sorsero utilizzarono molto materiale edile delle preesistenti costruzioni in marmo andate in rovina. Testimonianza visiva di quanto riportato sono il campanile della **basilica di Santa Maria Maggiore detta della Pietra Santa** in via tribunali, nei pressi della cappella Pontano e i resti di due archi in via Anticaglia appartenuti a contrafforti di due teatri di epoca greco-romana di cui uno all'aperto ed uno coperto detto ODEON. Presso questi teatri, secondo la cultura greca prima e romana dopo, si tenevano commedie e gare di poesie, di musica e canto. Qui l'imperatore Nerone si recava spesso da Roma per tenere sue rappresentazioni teatrali, e *performance* poeticocanore e dove il filosofo stoico Metranatte, che abitava in zona, sovente dissertava con il suo grande collega Seneca a seguito di Nerone. Ma questa zona era anche l'area in cui sorgevano i templi delle varie divinità pagane di cui l'attuale via del Sole, che da piazza Miraglia conduce all'apice della collina di S. Aniello, resta ancora toponomastica d'epoca in onore del Dio Apollo.

Il medioevo trasformò questa zona a ridosso delle mura di cinta su via Foria in un'area periferica della città, lontana dai rumori e dalla vita caotica del centro che aveva nel decumano maggiore e inferiore il fulcro pulsante di vita cittadina. In epoca medioevale i templi pagani e gli edifici che sorgevano in zona cedettero il passo ad estese insule monastiche, che resero i luoghi rifugio per spiriti religiosi e laici di grande carità cristiana così come la controriforma dovuta al concilio di Trento (1542-1563) suggeriva e indirizzava. Del fascino antico e della quiete di questi luoghi hanno scritto pagine bellissime nel secolo scorso: lo storico per eccellenza della Napoli greco-romana Bartolomeo Capasso, Matilde Serao e Salvatore Di Giacomo, grazie ai quali, dal punto di vista letterario, oggi, il decumano superiore resta ancora, nello sviluppo caotico della città, un percorso alternativo quasi cristallizzato nel tempo per rimembranze letterarie di antico sapore.

Ma ora lasciataci alle spalle la malia delle tante pagine scritte su questi luoghi, iniziamo il nostro cammino per annusare da vicino la muffa dell'antico percorso.

Partendo da via della Sapienza in leggera salita dopo un breve tratto sbuchiamo nel cardine di via del Sole attraversato il quale inizia con denominazioni toponomastiche diverse il decumano superiore detto anche comunemente (come già ricordato) via Anticaglia.

Il tratto di strada della Sapienza prende il nome da una antica chiesa del 1519 eretta in onore **di Santa Maria della Sapienza**. Questa chiesa faceva parte di uno dei più grandi complessi monastici della città che inglobava in epoca medievale (1530) nel suo vasto perimetro altri edifici ed istituzioni religiose.

Tale insula nella prima metà del novecento venne completamente liberata dai preesistenti edifici religiosi per far posto alle attuali cliniche universitarie del policlinico vecchio chiamato così per distinguerlo dal policlinico nuovo sorto negli anni settanta in un'altra zona della città (Colli Aminei).

Questo intervento di risanamento urbanistico voluto dal Sindaco Miraglia, fu oggetto di molte critiche da parte di intellettuali e uomini di cultura del tempo, in quanto sacrificò molti edifici e chiese di pregio storico, di cui è testimonianza, all'esterno del perimetro ospedaliero, parte della **chiesa della Croce di Lucca** risalente al 1537.

Lasciata via della Sapienza ed attraversata via del Sole si giunge in **Largo Regina Coeli** dove sorge l'omonima chiesa con un annesso monastero di clausura iniziato nel 1566. Questo convento fu uno dei più ambiti e ricchi della città, quasi un ritiro di lusso per suore provenienti dalla nobiltà napoletana, la quale provvedeva con sostanziosi aiuti al loro mantenimento e a quello del convento. Qui a partire dal 1796 il compositore e musicista **Domenico Cimarosa** fu per alcuni anni maestro di cappella. La chiesa eretta tra il 1590 e il 1594 si presenta a navata unica con cappelle laterali di richiamo barocco, ed ha un soffitto in legno intagliato e dorato con tre tele di Massimo Stanzione raffiguranti l'*Annunciazione*, la *Natività* e l'*Incoronazione della Madonna*. Negli spazi delle pareti tra i finestroni della navata sono rappresentate scene della vita dei santi eseguite da Luca Giordano e Micco Spadaro. La facciata esterna si presenta con due rampe laterali di scale in piperno che immettono in un pronao affrescato nel 1602 da Paolo Brill.

Lasciato Largo Regina Coeli giungiamo in via Pisanelli dove troviamo il convento di stretta clausura di Santa Maria di Gerusalemme risalente al XIV secolo, detto anche *delle trentatrè* per il numero di suore che concorsero assieme ad altre personalità alla sua fondazione. Tra queste personalità merita una menzione particolare **Maria Longo**, moglie del dignitario Giovanni Longo venuto a Napoli nel 1503 a seguito di Ferdinando II il cattolico. Questa nobildonna a causa della grazia ricevuta per la guarigione da una paralisi dedicò la sua vita ad opere di bene a favore degli ammalati indigenti, detti "*incurabili*" a causa delle loro povere condizioni economiche. Ad essa si deve la costruzione in zona dell'**ospedale** detto **degli Incurabili**, presso cui si trova una delle più belle farmacie del '700, in cui su scaffali intarsiati di pregiatissima fattura fanno spicco vasetti e recipienti smaltati per la conservazione di preparati medicamentosi (la farmacia è visitabile su prenotazione).

Superata via Pisanelli giungiamo in **via Anticaglia** dove troviamo i resti di due archi appartenuti alla cavea dei teatri di epoca romana e dove come già ricordato, si esibiva l'imperatore Nerone che a Napoli riviveva l'atmosfera di un mondo di cultura greca che Roma non offriva. Oggi in questa via si aprono botteghe artigianali di sapore antico e locali bui occupati da extra-comunitari così come una volta probabilmente li occupavano gli adulatori alessandrini stabilitisi a Napoli e la plebe a pagamento a seguito degli spettacoli di Nerone.

Lasciata via Anticaglia arriviamo a **Largo Palazzo Caracciolo d'Avellino** in cui tra il 1550 e il 1554 **Torquato Tasso**, autore del famoso romanzo epico della Gerusalemme Liberata, abitò da ragazzo con la famiglia. Durante questo periodo, il giovane Torquato frequentò con grande profitto per la sua formazione culturale una scuola di padri gesuiti sorta poco lontano da largo d'Avellino, dove si formavano allievi in discipline umanistiche, scientifiche e religiose. L'esistenza di questo poeta fu molto travagliata, non tanto per i suoi studi, quanto per i problemi familiari prodotti dall'esilio di suo padre a servizio del principe San Severino caduto in disgrazia al tempo di Don Pedro de Toledo per essersi opposto assieme ad altri all'introduzione nel regno di Napoli del tribunale d'Inquisizione. Infatti, il poeta fu impegnato quasi tutta la vita, peregrinando in varie corti d'Italia, in un'opera di riabilitazione della memoria del padre, nonché per una causa di eredità contro uno zio (fratello della madre) che voleva sposare sua sorella Cornelia per impossessarsi di una parte di dote della fanciulla, tra cui un'abitazione proprio nel citato palazzo. In questa lunga diatriba familiare e giuridica lo scrittore, varie volte ricoverato per disturbi mentali, pur avendo ragioni validissime a suo favore, fu lasciato solo da tutti, tanto che ancora dodicenne già si rivolgeva alla mecenate e poetessa Vittoria Colonna (vedova di Ferramte d'Avalos morto in battaglia a servizio di casa d'Aragona) affinché lo aiutasse nel portare avanti le sue ragioni. Significativa e illuminante del talento letterario del giovanetto Torquato è una lettera indirizzata alla nobildonna Colonna, protettrice di poeti e scrittori, che in poche righe così sintetizza il penoso stato d'animo del giovane: "*Il dolore, Signora Illustrissima de la perdita della roba è grande, ma del sangue è grandissimo... Noi non avemo in Napoli amici. Vostra eccellenza solo può con la sua autorità sollevarlo* (riferito al padre*) da tale miseria*". La questione si trascinò quasi fino alla morte del poeta, che per patteggiamento si vide assegnata una retta di 100 ducati all'anno, ma di cui per sopraggiunta morte, non riuscì a riscuotere nemmeno la prima rata!

Il palazzo fu poi acquistato dai Principi Caracciolo d'Avellino che lo trasformarono e lo abbellirono con opere d'arte di grandi artisti del tempo.

Lasciato Largo d'Avellino si prosegue per **via San Giuseppe dei Ruffi** fino a giungere all'altezza dell'omonima **chiesa** ad angolo sul cardine di via Duomo.

L'attuale chiesa è detta San Giuseppe dei Ruffi in riferimento al nobile casato di Ippolita e Caterina Ruffo che nel 1611 si erano ritirate in clausura assieme ad altre consorelle presso un preesistente convento di Santa Maria degli Angeli a cui poi cambiarono nome a devozione di San Giuseppe. A partire dal 1670 l'originaria chiesa annessa al convento fu demolita per dar corso ai lavori dell'attuale chiesa, completata ai primi del '700 da Arcangelo Guglielmelli, che provvide a dotare la facciata di un portico di accesso con due scale laterali in piperno. L'interno a croce latina presenta nel transetto due grosse cappelle laterali ed una cupola affrescata nel 1741 da Francesco De Mura, rappresentante *il Trionfo di San giuseppe in Paradiso*. Nella chiesa si può, inoltre, ammirare una tela di Luca Giordano in onore della *Trinità* e due sculture raffiguranti i Santi Pietro e Paolo, eseguite tra il 1760 e il 1765 dallo scultore Giuseppe Sammartino, passato alla storia Partenopea per la realizzazione del Cristo Velato presso la cappella San Severo.

Attraversata via Duomo, si giunge nello slargo davanti la chiesa di **Santa Maria di Donna Regina Nuova** iniziata nel 1600, che presenta l'entrata proprio di fronte la sede vescovile della città. L'attuale chiesa fu detta Nuova in contrapposizione a quella di Donna Regina Vecchia, risalente ad una costruzione più piccola realizzata in loco tra il 1307 e il 1320 che aveva annesso un convento di clausura di suore francescane. Sia la prima che la seconda chiesa presero il nome del luogo dove furono costruite, che si chiamava appunto Monte di Donna Regina, che altro non era che la proprietaria del terreno.

Personaggio di spicco e sostenitrice della vecchia chiesa del XIV secolo fu la principessa Maria D'Ungheria, moglie di Carlo V d'Angiò, le cui spoglie riposano nel monumento funebre realizzato da Tino da Camaino, oggi visibile all'interno della chiesa. La costruzione della nuova chiesa si rese necessaria per alcuni tragici eventi che interessarono quella vecchia, tra cui un incendio ed un terremoto che provocarono gravi danni all'antica costruzione. Per tale motivo le monache del monastero a cui apparteneva la vecchia chiesa decisero nel 1600 di farne costruire una nuova con la facciata di fronte al palazzo vescovile. La nuova costruzione che aveva inglobato parte della vecchia venne consacrata al culto nel 1649 dal cardinale Ascanio Filomarino.

Lasciato largo Donna Regina si prosegue per via **Santissimi apostoli**, dove in uno slargo sulla destra troviamo l'omonima **basilica** fatta costruire a partire dal 1450 dal vescovo Sotero sul luogo dove sorgeva un tempio pagano. Successivamente la chiesa passò alla nobile famiglia Caracciolo di Vico che nel 1574 la cedette ai padri teatini, che con una serie di lavori terminati nel 1630 la resero una delle più rappresentative di stile barocco presente in città. L'interno a navata unica presenta una volta a botte che termina a livello di transetto con una cupola e due grandi cappelle laterali. La cappella di sinistra presenta un altare in marmo realizzato su progetto del Borromini, che resta l'unica opera in città di uno dei più grandi architetti del XVII secolo. L'interno è abbellito da raffigurazioni a fresco e da ornamenti in stucco realizzati tra il 1638 e il 1646 da Giovanni Lanfranco, a cui si aggiungono lungo la navata sedici tele eseguite da

Francesco Solimena tra il 1693 e il 1698 più quattro di Luca Giordano nel transetto eseguite nel 1692. In questa chiesa (e non poteva essere diversamente) fu sepolto in una tomba di cui si sono smarrite le tracce, il più grande poeta di epoca barocca: **Gian Battista Marino** che tanto influenzò la letteratura e i costumi del XVII secolo.

Paradosso della costruzione è la facciata della chiesa che in antitesi alla bellezza e ricchezza degli interni si presenta completamente liscia e priva di ogni ornamento.

Lasciata la chiesa si arriva dopo poco su via Carbonara, all'incrocio della quale termina il Decumano Superiore.

Prima però di lasciare definitivamente questo percorso è da menzionare una scena da palcoscenico napoletano svoltasi durante le esequie di Gian Battista Vico che aveva casa in zona, ai gradini Santissimi Apostoli. A riguardo le cronache del tempo riportano che al momento delle esequie del filosofo, essendo sorta un'accanita disputa tra la confraternita a cui era iscritto e i suoi colleghi d'accademia per l'onore del trasporto funebre, la bara già sollevata dai "confratelli", fu da questi, seduta stante, lasciata cadere a terra con improperi vari fra i contendenti. A causa di tale lite, il funerale fu rimandato al giorno dopo!

E qui profitto di questa scenetta per chiudere il commento su questo percorso menzionando due caratteristici negozi, oggi in via Anticaglia appena superati gli archi della fabbrica dell'antico teatro greco-romano: un'antica tipografia con alcune macchine, stampi e inchiostri che ricordano ai visitatori l'arte antica dei vecchi maestri tipografi che i proprietari d'oggi perpetuano ancora con l'uso dei caratteri a piombo e un bazar di chincaglieria napoletana (di fronte alla tipografia) che, alla rinfusa su un ammezzato e scaffali vari, presenta in pochi metri quadri tutto ciò che di *verace* la napoletanità d'oggi riesce ancora ad offrire al turista, compreso un caratteristico presepe circolare. Qui un giorno, dopo aver curiosato a lungo su alcuni refusi del variegato campionario esposto, all'uscita il proprietario (di cui tralascio il nome per una vostra eventuale scoperta in loco) mi lasciò un suo biglietto da visita su cui era scritto: G.I.: Artigiano del Popolo.

Ora, alla fine di questo itinerario, ricordando tale definizione, trovo che essa sia una delle più illuminanti sintesi del palcoscenico di vita napoletana d'oggi, che unico nel suo genere in questi tempi di omologazione globale, resta il solo capace di fornire ancora personaggi e atmosfere così evocative del carattere antico e moderno di un popolo.

MUSEO DELL'OPERA

Cronologia storica della città

Cenni storici sulle dinastie regnanti a Napoli

Elenco dei musei cittadini

Elenco di significativi personaggi ed artisti che hanno operato in città nel corso dei secoli contribuendo alla scenografia e alla trama di Napoli

Nota: per distinguere l'appellativo di I, II, III IV e così via che i Re assumevano nei vari paesi nel corso della storia, è da ricordare che esso si riferiva alla successione parentale del casato che per volontà testamentali o per conquista aveva regnato o regnava su una determinata nazione. Ciò comportava, ad esempio, che un Re che fosse V per discendenza dinastica nella sua nazione potesse diventare I in un nuovo regno conquistato, cosa che permetteva agli eredi regnanti nel paese assoggettato di assumere a loro volta il titolo di II, III, IV e così via.

CRONOLOGIA STORICA

770 a.C. – 476 d.C. nascita di *Parthenope* e periodo greco-romano: durata 1246 anni

476 d.C. – 763 d.C. periodo di presenza gotica, longobarda e bizantina: durata 287 anni

763 – 1139 periodo ducato autonomo di Napoli e provincia: durata 376 anni

1139 – 1195 periodo dominazione normanna in Italia meridionale con capitale Palermo: durata 56 anni

1195 - 1266 periodo dominazione sveva in Italia meridionale con capitale Palerno: durata 127 anni

1266 – 1441 periodo dominazione angioina con capitale Napoli (castel Vecchio - castel Nuovo): durata 175 anni

1441 – 1503 periodo dominazione aragonese con capitale Napoli (castel Nuovo): durata 62 anni

1503 – 1707 periodo dominazione vicereale spagnola con inizio della costruzione di palazzo Reale in largo di Palazzo (piazza Plebiscito): durata 204 anni

1707 – 1734 intermezzo di dominazione austriaca con vice-regnanti di nomina imperiale: durata 27 anni

1734 nascita del regno borbonico con re Carlo III, primogenito di Elisabetta Farnese seconda moglie di Filippo V re di Spagna. (Durante tale periodo, nel 1738 iniziano gli scavi di Ercolano, la costruzione della reggia di Capodimonte, quella di Portici e tra il 1752 e il 1774 la costruzione della reggia di Caserta). Durata: 65 anni.

1799 intermezzo della repubblica pertenopea. Durata 6 mesi.

1800-1806 prima restaurazione borbonica. Durata 6 anni.

1806-1815 decennio francese con Giuseppe Bonaparte (Marzo 1086-Agosto 1808) e Giacchino Murat (Agosto 1808-Ottobre 1815). Durata 10 anni.

1815-1860 seconda restaurazione borbonica. Durata 45 anni.

1861 – 1946 nascita del regno d'Italia sotto casa Savoia con capitale

Roma: durata 86 anni

1946 – ad oggi nascita della Repubblica Italiana con parlamento elettivo
di rappresentanza popolare.

Cenni storici sulle dinastie regnanti a Napoli

Il ducato autonomo di Napoli

Nel 476 d.C., dopo la caduta dell'impero Romano d'Occidente con l'ultimo imperatore Romolo Augustolo, confinato dal re dei Goti Odoacre proprio a Napoli nel *castrum* di Lucullo, nella zona dove sorse Castel dell'Ovo, Napoli per sottrarsi ai barbari si affidò alla protezione dell'impero romano d'oriente governato all'epoca dall'imperatore Giustiniano. Questi, nel 536 d.C. mandò in Italia il generale bizantino Belisario che, dopo aver assediato la città per vari mesi, la conquistò sfruttando un antico percorso sotterraneo dimenticato nel tempo.

Finito nel 553 il pericolo gotico con la sconfitta alle falde del Vesuvio dell'ultimo re dei goti Teja, iniziò quello dei Longobardi che, forti dei loro insediamenti a Capua e Benevento, premevano ai confini della città. Per fronteggiare tale situazione, non potendo la lontana Bisanzio assicurare adeguata e costante copertura militare a Napoli, furono avviate trattative affinché il governo della città e dei territori limitrofi fosse affidato a dei reggenti locali di fede bizantina. Iniziò così, a partire dal 661, con il primo duca di nome Basilio, nominato direttamente dall'Imperatore di Bisanzio, il lungo periodo del ducato di Napoli, che con il duca Stefano II diventò nel 763 del tutto autonomo dall'ingerenza bizantina.

Il ducato durò quasi quattro secoli durante i quali si alternarono alla sua guida ben trentasette duchi, che con il consenso della nobiltà locale, della cittadinanza e con la forza delle armi napoletane associate a sagge e all'occorrenza "variabili" alleanze politiche, per secoli seppero tener lontani da Napoli gli eserciti invasori. Il ducato comprendeva quasi tutti gli attuali centri della provincia napoletana, comprese le isole di Ischia e di Procida.

I Normanni

Nel 1029, a seguito dell'occupazione della città da parte dei Longobardi che non avevano mai rinunciato alla sua conquista, il 32mo duca di Napoli, Sergio IV, chiamò in suo aiuto un capitano di ventura di origine normanna (popolo guerriero svedese che si era insediato da secoli nella regione francese della Normandia) che si trovava di passaggio con le sue truppe sul territorio campano. Il suo nome era **Rainulfo Drugot** e in cambio dell'aiuto prestato ebbe il possesso della città di Aversa e il titolo di conte. Con questo personaggio iniziò l'ascesa e la conquista del Meridione da parte della dinastia normanna che con Tancredi Altavilla e Roberto il Guiscardo *(il furbo)* conquistarono la Puglia e la Calabria sbaragliando i feudatari locali. Un altro membro di tale famiglia, Ruggiero I, rivolse invece le sue mire sulla Sicilia che fu conquistata definitivamente nel 1090, liberandola dopo 240 anni dal dominio arabo (a seguito di ciò l'isola costituì un regno a sè, che continuò ad esistere fino al 1815 quando il congresso di Vienna ne sancì l'annessione al regno di Napoli, sotto la dinastia dei Borbone).

L'eredità delle terre conquistate passò poi a Ruggiero II, nipote di Roberto il Guiscardo, che nel 1130 venne proclamato a Palermo re dei territori acquisiti, comprendenti la Calabria, la Puglia, la Capitanata (territorio della provincia di Foggia), la Lucania, la Sicilia e, dal 1140, parte dell'Abbruzzo.

A Ruggiero II successe il figlio Guglielmo detto *Il Malo*, che a sua volta lasciò il regno, con capitale a Palermo, al figlio Guglielmo II, che non ebbe eredi. Quest'ultimo, per assicurare la continuità dinastica del casato favorì le nozze di una nipote di Ruggiero II, Costanza d'Altavilla, con Enrico VI di Svevia (figlio di Federico di Hohenstaufen chiamato Barbarossa, protettore del papato e morto mentre attraversava un fiume durante la Terza Crociata) il quale per diritto di matrimonio (oggi diremmo "comunione dei beni") divenne erede del regno del meridione d'Italia.

Gli Svevi

Preso possesso del regno, Enrico VI di Svevia si dimostrò un sovrano spietato e privo di scrupoli tanto da meritarsi l'appellativo di crudele, ma il suo regno durò poco perché dopo aver conquistato Napoli mettendola a ferro e fuoco ed essere stato incoronato il 26 dicembre del 1194 re del regno di Sicilia, nel 1197 moriva di malattia all'età di 32 anni. Il giorno dopo la sua incoronazione a Palermo, la moglie Costanza d'Altavilla mise alla luce un bambino a cui fu dato in ricordo del nonno Barbarossa il nome di Federico II di Svevia. Costanza, donna molto religiosa e sostenitrice della chiesa, ritenne opportuno affidare la tutela del bambino al papa Innocenzo III, che la esercitò fino all'incoronazione di Federico come re della Sicilia avvenuta a Palermo nel 1198.

In età giovanile Federico II sposò per procura Costanza D'Aragona, vedova del re del Portogallo e dalla quale successivamente, nel 1212, ebbe un figlio al quale fu dato il nome di Enrico, che rimase in Germania, perché nello stesso anno, la lega di Norimberga aveva offerto a Federico II, erede di diritto degli Hohenstaufen, la corona di Germania che egli aveva accettato trasferendosi per otto anni in territorio tedesco. Nel 1220 dopo aver riunito la Dieta a Francoforte nominando come suo successore sul regno di Germania e di Sicilia il figlio Enrico, fece ritorno in Italia dove fu incoronato imperatore del Sacro Romano Impero d'Occidente dal papa Onorio III. Qui si diede al riordino del regno promuovendo nel 1231 una serie di leggi dette *Costituzioni di Melfi* che in breve affermavano il primato dell'impero sul papato, cosa che gli procurò gli anatemi della chiesa di Roma che lo scomunicò per questo ed altri motivi per ben tre volte. Intanto il figlio Enrico, che aveva tramato assieme ad altri illustri personaggi contro la sua sovranità, fu fatto prigioniero e rinchiuso in un castello della Puglia dove morì suicida. Al suo posto,

Federico II che aveva avuto tre mogli e numerose amanti, designò un suo figlio naturale che era in Germania, Corrado, lasciando a un altro figlio naturale, Manfredi, nato dalla relazione con l'amante Bianca Lancia di Lombardia, il compito di vicario in Italia in attesa che Corrado prendesse possesso del regno.

Federico II, il cui regno durò quasi 50 anni, è passato alla storia oltre che per le sue gesta guerriere soprattutto come uomo di vasti interessi culturali, che spaziavano in vari campi del sapere, tanto da essere chiamato per la sua riconosciuta poliedricità *lo stupore del mondo*. Tra le tante cose che realizzò è da menzionare l'istituzione dello studio generale nella città di Napoli (il primo del genere in Italia) che possiamo assimilare ad un'odierna università ad indirizzo giuridico-amministrativo, dove venivano formati giovani per la pubblica amministrazione statale in contrasto con gli studi canonici promossi dalla chiesa; dallo "Studio" nacquero nei secoli varie ramificazioni che oggi possiamo dire sono rappresentate, in chiave moderna dai diversi corsi di laurea, dell'università Federico II a lui intitolata. Ritiratosi a Castelfiorentino in Puglia morì a 56 anni il 13 dicembre 1250.

Dopo la morte di Federico II, Napoli passò dalla parte del papato, cosa che costrinse suo figlio Corrado a partire dalla Germania per scendere in Italia, lasciando in territorio tedesco suo figlio Corradino ancora ragazzo. Giunto a Napoli la città per non essere oggetto di rappresaglie si arrese al nuovo venuto nel settembre del 1253. La prematura morte però di questo sovrano a soli 26 anni, e la notizia del decesso anche di suo figlio Corradino in Germania, spronarono Manfredi, vicario in Italia di casa Sveva, a scendere in campo per il mantenimento del regno. Infatti il papato nel 1265 aveva chiamato in suo aiuto il fratello del re di Francia Luigi XIV, Carlo D'Angiò, che avuta l'investitura papale e l'assicurazione di alcuni possedimenti nel Meridione, scese per contrastare Manfredi. Lo scontro definitivo tra gli eserciti dei due contendenti avvenne il 26 febbraio 1266 nella pianura di Grandella nei pressi di Benevento, dove Manfredi per il maggior numero di forze nemiche venne sconfitto e la sua famiglia fatta prigioniera fino alla morte di tutti i suoi componenti (la moglie Elena, regina d'Epiro e i figli Enrico, Federico ed Enzo). Mentre i vincitori Angioini si assestavano in Sicilia e a Napoli, eletta a nuova capitale del regno, dalla Germania arrivò la notizia che Corradino, figlio di Corrado, non era morto come si credeva, ma che addirittura chiamato dal partito ghibellino si accingeva a scendere in Italia per rivendicare il regno degli avi.

E infatti così fu. Approntato un esercito composto da Svevi e fautori ghibellini in Italia, Corradino mosse contro Carlo I D'Angiò scontrandosi ad agosto del 1268 nella piana di Tagliacozzo con l'esercito francese. Dopo alterne vicende la battaglia si rivolse a favore degli angioini che comunque si lasciarono sfuggire Corradino, il quale, assieme ad alcuni suoi luogotenenti, trovò rifugio ad Astura (località tra Anzio e Terracina), presso il castello del conte Giovanni Frangipane di fede ghibellina. Ma ahimè, il conte dopo aver accolto i fuggiaschi pensò bene di ingraziarsi i nuovi conquistatori consegnando "gli amici" al D'Angiò che, il 29 ottobre del 1268, fece decapitare in piazza Mercato a Napoli Corradino con gran sospiro di sollievo di Carlo D'Angiò, del partito Guelfo in Italia e di papa Clemente VII fautore dell'eliminazione dell'ultima *propaggine di vipere*, come era solito chiamare gli ultimi eredi di casa sveva.

Gli Angioini

Carlo I d'Angiò, una volta insediatosi a Napoli, provvide a riordinare il regno in chiave francese ripristinando gran parte delle concessioni alla chiesa, che gli svevi avevano soppresso in nome di uno stato centrale foriero di unità nazionale, gravando il popolo di un pesante carico fiscale. A seguito di ciò nel regno incominciò a serpeggiare un vasto malcontento che trovò il suo sbocco insurrezionale nei vespri siciliani del 31 marzo del 1282, quando l'isola insorse con il pretesto dell'oltraggio subito da una donna siciliana ad opera di un soldato francese. A questo riguardo è da tener presente che la popolazione siciliana che era stata sottomessa dagli arabi per circa 240 anni aveva ereditato molta mentalità e costume della società araba presso cui, allora come oggi, la donna era considerata figura di proprietà maschile non toccabile. A seguito di questo pretesto la rivolta ben presto si estese a tutta l'isola, cosa che offrì ai feudatari nostalgici degli svevi di chiamare in loro aiuto Pietro III D'Aragona, marito della figlia del rimpianto Manfredi di casa Sveva, con il quale iniziò una lotta contro l'angioino per la separazione della Sicilia dal resto del regno.

Le ostilità terminarono con la battaglia navale del 5 giugno del 1284, in cui Carlo I d'Angiò vide sopraffatta la sua flotta e fu fatto prigioniero il figlio primogenito Carlo II. Dopo quattro anni di prigionia, per mediazione del Papa e pagamento di un forte riscatto, Carlo II subentrato al padre Carlo I morto nel 1285, riebbe la libertà e il regno. Ma la guerra durò ancora per 13 anni, fin quando si giunse alla pace di Caltabellotta che sanciva l'assegnazione temporanea della Sicilia a Federico d'Aragona, erede di Pietro III, con la clausola che l'aragonese non poteva vantare diritti di successione sull'isola. Carlo II d'Angiò regnò per 24 anni morendo all'età di 61 anni nel 1309. Gli successe sul regno di Napoli, con corte in Castel Nuovo, il figlio terzogenito Roberto contrastato per diritto ereditario da un nipote del padre, Caroberto re d'Ungheria, figlio di Carlo Martello. Quest'ultimo era uno dei 13 figli (5 femmine e 8 maschi) che Carlo II aveva messo al mondo.

A differenza del padre, Roberto D'Angiò si inserì nella lotta tra Guelfi e Ghibellini che si svolgeva in Italia, contrastando le armi dell'imperatore del Sacro Romano Impero d'Occidente Enrico VII di Lussemburgo, chiamato in Italia per porre fine alla disputa tra le due fazioni che continuavano a dissanguare il paese. In questa disputa Roberto cercò di giocare un ruolo da protagonista, ma le alterne vicende della lotta alla fine volsero a suo sfavore facendogli perdere prestigio e possedimenti a cui si aggiunse infine la perdita del figlio Carlo avvenuta nel 1328. Rimasto senza figli e stanco delle tante lotte sostenute, alla fine decise di indossare l'abito francescano con il quale volle essere sepolto accanto al figlio nella chiesa di Santa Chiara a Napoli. Correva l'anno 1343.

Dopo la morte del figlio Carlo, che aveva lasciato due figlie, Maria e Giovanna, Roberto provvide ad assicurare la continuità dinastica degli angioini favorendo le nozze per procura di sua nipote Giovanna, nominata sua erede, con Andrea re d'Ungheria figlio di Caroberto, il quale già in passato aveva avanzato diritto di successione sul regno di Napoli e di Sicilia. Le condizioni testamentali prevedevano però che Giovanna regnasse da sola, assegnando ad Andrea, re di Ungheria, il titolo di Principe di Salerno e Duca di Calabria nonché, in caso di morte di Giovanna, la successione alla sorella Maria. Uscita di tutela a 18 anni, Giovanna trovò un regno in disordine e privo di una guida per cui, con il marito in Ungheria e attorniata da parenti famelici che aspiravano ad impossessarsi del regno, si appoggiò, tramite alcune frequentazioni amorose, a due cugini, Roberto Durazzo e Luigi di Taranto (i figli rispettivi di Giovanni Durazzo e Filippo di Taranto, fratelli di Roberto d'Angiò). La cosa, venutasi a sapere, spinse il legittimo sposo Andrea d'Ungheria a recarsi in Italia, dove nella villa reale di Aversa, il 18 settembre 1345, dopo una notte d'amore con la regina, trovò la morte ad opera di alcuni sicari mai veramente identificati. La regina, rimasta incinta, venne accusata di aver complottato per l'uccisione del marito, della qual cosa si professò sempre innocente addossando la colpa ad un gruppo di nobili famiglie, alcuni componenti delle quali, sospettati, furono puntualmente imprigionati, torturati e decapitati. Dopo mesi dall'uccisione del marito, il 26 dicembre del 1345 Giovanna I d'Angiò partorì un bimbo a cui fu dato il nome del nonno: Carlo Martello. Intanto Luigi re d'Ungheria, fratello del defunto Andrea, che non credeva all'innocenza di Giovanna, mosse alla volta di Napoli per vendicare l'assassinio.

Il 20 agosto 1347 la regina sposò Luigi di Taranto, col quale decise che per il momento fosse meglio lasciare Napoli e rifugiarsi ad Avignone (suo possedimento francese in Provenza) per mettersi sotto la protezione di papa Clemente VI, che aveva a sua volta abbandonato Roma stabilendosi anch'egli ad Avignone.

Luigi d'Ungheria, giunto alle porte di Napoli, si fermò ad Aversa dove saziò la sua vendetta facendo giustiziare alcuni parenti della famiglia di Giovanna tra cui Carlo Durazzo, marito della sorella della regina Maria

D'Angiò. Dopo pochi giorni di permanenza ad Aversa, lo scoppio della peste nera e soprattutto alcuni fermenti in Istria, forieri di una guerra con Venezia, indussero il re d'Ungheria a ritornare in patria portando con sé il nipote Carlo di due anni, che Giovanna aveva lasciato a Napoli. Di questo bimbo, in terra magiara, non si seppe più nulla. Intanto la regina, venuta a conoscenza del ritorno in patria del re magiaro, dopo aver incassato un giudizio d'assoluzione da parte ecclesiastica "per non aver commesso il fatto" inerente l'uccisione del marito, a seguito di lunghe trattative di pace avviate a suo favore dal papa con Luigi d'Ungheria, fece ritorno a Napoli, dove fu accolta con affetto dal popolo festante e dove nella chiesa dell'Incoronata, fatta erigere in via Medina, fu incoronata finalmente regina di Napoli il 27 maggio del 1352.

Dopo circa 10 anni durante i quali, profittando di alcuni dissidi tra i feudatari siciliani, era stata tentata invano anche la conquista dell'isola, Luigi di Taranto moriva per malattia il 26 maggio del 1362 a 42 anni. Rimasta vedova per la seconda volta Giovanna, che non sapeva star lontano dagli uomini, a 37 anni, ancora esuberante e piena di vita, decise di sposarsi nel maggio del 1363 con un bellissimo giovane principe povero in canna: Giacomo di Maiorca, pensando bene di non associarlo al trono, la qual cosa dopo due anni di matrimonio, nel 1365, spinse il giovane consorte ad abbandonare la sposa e la corte andando a guerreggiare in Spagna dove trovò la morte nel 1374. Nello stesso anno in cui Giacomo lasciò Napoli (1365), si spense anche Nicolò Acciaioli, gran siniscalco della città, che per circa venti anni condivise con la regina l'amministrazione del regno.

Rimasta per l'ennesima volta vedova, la regina pensò di appoggiarsi ad Ottone di Brunswick, principe di origine tedesca, che puntualmente sposò nel 1376. A questo punto, nel 1378, entra in scena per il destino futuro della regina il papato che, dopo la morte di Gregorio XI, viveva una lacerante diatriba fra due pretendenti alla soglia di San Pietro, papa Urbano VI di origine napoletana e papa Clemente VII di Ginevra.

Il regno di Napoli, tramite Giovanna, in un primo momento appoggiò l'elezione del Ginevrino Clemente VII, poi a seguito di alcuni tumulti popolari, quella del napoletano Urbano VI e successivamente con un voltafaccia di nuovo quella di Clemente VII. Questa disputa papale procurò uno scisma nella chiesa e una guerra civile tra opposte fazioni che durò 30 anni durante i quali si fronteggiarono per vari interessi papi e antipapi appoggiati a secondo delle reciproche convenienze ora dai Durazzo, ora dagli Angioini. A seguito del tradimento della regina, Urbano VI la scomunicò e chiamò in suo aiuto il trentennale nemico giurato di Giovanna: Luigi d'Ungheria, offrendogli la corona del regno di Napoli. Questi delegò all'impresa, con rinuncia al trono di Napoli, il principe Carlo, terzo duca di Durazzo, nipote di Giovanna, allevato alla corte d'Ungheria, il quale dopo essere stato incoronato a Roma il 2 giugno del 1381 volse con un esercito verso Napoli, dove i fautori di papa Urbano VI gli aprirono le porte della città senza colpo ferire. A questo punto Giovanna, vistasi persa, chiese aiuto a Luigi d'Angiò, Fratello del Re di Francia, nominandolo suo erede testamentale.

Nel frattempo la regina, rinchiusasi in Castel Nuovo con un manipolo di seguaci in attesa dell'aiuto richiesto, dopo una breve resistenza, poiché Luigi d'Angiò tardava ad arrivare, si arrese il 26 agosto del 1381. Portata prigioniera prima a Castel dell'Ovo, poi a Nocera ed infine a Muro Lucano, Giovanna I d'Angiò trovò la morte nel 1382 a 56 anni dopo 38 anni di regno. Nel merito della sua dipartita si sussurrò che era avvenuta per strangolamento da parte di sicari inviati da suo nipote Carlo Durazzo! (E qui calza a pennello il detto popolare napoletano che dice: *"dagli amici e dai parenti nun accattà e nun vendere niente!"*)

I Durazzo

A seguito del matrimonio di Carlo con Margherita di Durazzo vennero alla luce tre figli: Giovanna II, Ladislao e Maria. Di questi, Ladislao, nato a Napoli, fu designato dal padre come successore sul regno di Napoli con la clausola però che in caso di morte del figlio fosse la sorella Giovanna II l'erede al trono. In attesa che il figlio crescesse, Carlo gli assegnò il ducato di Calabria a memoria dei suoi diritti ereditari. Morto Carlo nel 1386, dopo aver combattuto lungamente Luigi II d'Angiò che rivendicava il regno occupandolo con sue milizie nel 1385, Margherita di Durazzo rifugiatasi a Gaeta si dava da fare con varie alleanze per conservare il regno al figlio Ladislao, cosa che puntualmente avvenne con l'elezione al soglio di Pietro del napoletano Bonifacio IX il quale, mettendo in atto ciò che era stato "concordato" durante il conclave per la sua elezione, il 29 maggio del 1390 proclamava il tredicenne Ladislao re di Napoli. Nello stesso anno, per rafforzare la posizione del figlio, Margherita lo fece convolare a nozze con Costanza Chiromante figlia del potente conte di Modica, ricco feudatario siciliano. A 16 anni, Ladislao, avuto dal consiglio di reggenza disco verde per assumere il comando delle schiere a lui fedeli iniziò a guerreggiare in lungo e in largo per la riconquista di Napoli, dimostrando di essere per l'epoca uno dei più valenti condottieri sul suolo d'Italia. A seguito di vari avvenimenti tra cui la morte dell'antipapa Clemente VII sostenitore di casa Angioina, Ladislao, il 10 luglio del 1399 riconquistava il regno mentre Luigi II d'Angiò se ne ritornava sconfitto in Francia.

Ripudiata la moglie Costanza Chiromante perché la famiglia di questa non gli aveva concesso gli aiuti promessi, su consiglio del suo protettore papa Bonifacio IX sposò la sorella del ricchissimo re di Cipro Maria Lusignano, che dopo due anni di matrimonio morì e a cui seguì dopo poco anche la morte di Bonifacio IX. A seguito dei disordini venutosi a creare a Roma per l'elezione del nuovo papa, Ladislao per prevenire situazioni papali a lui sfavorevoli, intervenne nella questione romana occupando la città come "disinteressato" arbitro per porre fine alle opposte fazioni presenti in città. Ritornato a Napoli dopo due anni, venne a conoscenza di alcune trame ai suoi danni condotte dalla nobile famiglia Sanseverino e da Raimondo de Balzo principe di Taranto, favorevoli ad un ritorno di Luigi II d'Angiò.

Eliminati i Sanseverini, decise di farla finita definitivamente anche con i De Balzo per cui, alla testa delle sue truppe, si portò in Puglia pronto a combattere il nemico quando seppe che il principe Raimondo era morto e che sua moglie Maria d'Enghien si preparava ad opporgli una strenua resistenza. E qui, come nei migliori romanzi, avvenne un colpo di scena. Per evitare spargimenti di sangue, invece di combattere, Ladislao chiese la mano di Maria la quale, contro ogni consiglio, lusingata di divenire regina, accettò l'offerta.

Dopo questo matrimonio Ladislao dovette affrontare svariati conflitti e mediazioni che lo videro impegnato molti anni su tre fronti; il papato, con una nuova occupazione di Roma, messa questa volta a ferro e fuoco, l'Ungheria che rivendicava diritti sul regno e gli eterni rivali angioini, finché colto da malore (non si sa se per avvelenamento o altro) morì a 32 anni il 6 agosto del 1414. Stranamente di questo re dalla vita avventurosa, condottiero di eserciti che ebbe numerose mogli e schiere di amanti e che fu protagonista di molti avvenimenti politici e militari che si susseguirono tra la fine del XIV e XV secolo, Napoli non ha grande memoria, tranne un grandissimo monumento funebre fatto realizzare dalla sorella Giovanna II nella chiesa di S. Giovanni a Carbonara. Sicuramente, se ci fosse stata qualche nicchia in più sulla facciata di palazzo Reale, un posto particolare sarebbe spettato a questo re, le cui numerose gesta per conservare il regno di Napoli e gli amori, qui sommariamente sintetizzati, rappresentano al meglio l'ideale regale cavalleresco così in voga e decantato nel Medio Evo dai grandi scrittori del tempo.

A Ladislao, come convenuto, successe la sorella Giovanna II che all'età di 43 anni fu incoronata regina di Napoli. Questa donna, vedova del duca

Guglielmo d'Austria, aveva vissuto alla corte del fratello dedicandosi più ai suoi numerosi amanti che non agli atti di Stato. Catapultata al vertice del governo del regno, come Giovanna I, si appoggiò per la reggenza a vari mariti ed amanti, per la qual cosa è passata alla storia come una donna lussuriosa, cosa che in effetti nascondeva solo una debolezza di carattere in cerca di sostegno ed aiuto. Forse fu per questo che i napoletani le perdonarono i vari errori commessi sostenendola con affetto e devozione.

Liberatasi di un amante di scarso lignaggio inviso a corte (Pandolfello Alopo), nel 1415 sposò un nobile francese dedito alle armi: Giacomo di Borbone della Marca, non associandolo al trono. Ben presto il nuovo sposo si dimostrò però un uomo violento e ambizioso tanto da segregare la regina a Castel Nuovo facendosi riconoscere suo delegato nell'amministrazione del regno. Quest'atto, che di fatto esautorava la famelica nobiltà di corte dagli "affari" di stato non fu digerito, per cui alcuni nobili fomentarono il popolo per allontanare lo sposo e ridare autorità alla regina; cosa che puntualmente avvenne nel 1419 con la fuga notte tempo in Francia di Giacomo. Ben presto il suo posto venne occupato nel cuore della regina da Ser Gianni Caracciolo, uomo macho e valoroso che si era distinto nelle schiere del fratello Ladislao e che ebbe la nomina a gran Siniscalco della città (una specie di sindaco odierno). Dopo l'incoronazione della regina, avvenuta nel mese di ottobre del 1419, a seguito di contrasti con il papato per il mancato pagamento di alcuni tributi dovuti alla chiesa, papa Martino V, sostenendo vecchie rivendicazioni angioine, inviò un esercito contro Napoli al quale Ser Gianni si oppose con una serie di rappresaglie in terra papale. In tale situazione, con le casse dello stato del tutto vuote e le vie di terra e di mare bloccate dal nemico, Napoli cominciò a soffrire la fame per cui ancora una volta si dovette cercare aiuto altrove.

In soccorso del regno di Napoli, fu chiamato Alfonso V d'Aragona, re della Sicilia che, in cambio delle promesse fatte dalla regina di nominarlo suo successore, inviò un forte contingente di uomini e navi che riuscì a rompere l'accerchiamento della città e a permettere il suo arrivo a Napoli.

Nel luglio del 1421 Alfonso d'Aragona veniva nominato in Castel Nuovo davanti ai dignitari del regno, successore di Giovanna II Durazzo.

Insediatosi in città, dopo aver debellato alcune resistenze di capitani al soldo angioino che agivano nei dintorni di Napoli, Alfonso cominciò a comportarsi come nuovo e vero padrone di Napoli, assumendo la carica di viceré, cosa che naturalmente fu invisa alla nobiltà e alla regina tanto da spingerla al disconoscimento della successione e dei diritti regali fatti all'aragonese, chiamando in suo soccorso (guarda caso) Luigi III d'Angiò, il cui casato era stato da sempre nemico dei Durazzo (ma in politica, si sa, allora come oggi Machiavelli *docet*). Nel frattempo Alfonso d'Aragona aveva lasciata la città perché chiamato in Spagna a difendere i suoi possedimenti dall'assalto del Re di Castiglia.

A questo punto Ser Gianni, che era stato messo dagli eventi un po' da parte, capì che era giunto il suo momento per cui, padrone del letto e della mente della regina, dopo aver debellato il fratello di Alfonso che era rimasto con alcune milizie aragonesi a presidio della città, si fece assegnare grossi possedimenti nel regno e il controllo delle sue finanze, cosa che ancora una volta andava a scapito della burocrazia nobiliare che attorniava la regina. A questo punto Giovanna, delusa dall'uomo in cui aveva riposto tanto amore e fiducia e non amandolo più, su consiglio della corte, decise di farlo arrestare in Castel Capuano dove Ser Gianni si era ritirato. Ma, contrariamente agli ordini della regina, gli esecutori dell'arresto non si limitarono solo alla cattura, ma completarono l'opera eliminandolo definitivamente dalla scena adducendo la scusa che si era opposto con le armi.

La salma di Ser Gianni oggi riposa nella basilica di San Giovanni a Carbonara dove si trova il Mausoleo di re Ladislao.

A distanza di due anni e mezzo dalla morte di Ser Gianni, il 2 febbraio del 1435 si spense all'età di 64 anni anche Giovanna che nel suo testamento dopo abiure e riconferme nominò definitivamente suo successore al regno di Napoli Renato d'Angiò, fratello minore di Luigi II d'Angiò, morto in battaglia. La salma della regina, per sua espressa volontà, fu sepolta nella chiesa dell'Annunziata ricoperta da una spoglia lastra di pietra. Con

Giovanna II finì la dinastia dei Durazzo e iniziò quella aragonese.

Gli Aragonesi

A seguito delle volontà testamentali di Giovanna II Durazzo, il successore designato al trono di Napoli Roberto d'Angiò, non ebbe vita facile, in quanto il papa Eugenio IV succeduto a papa Martino V, morto nel 1431, per ragioni opportunistiche legate a far valere il suo primato sul regno napoletano, non volle riconoscere quanto stabilito dalla defunta regina, per cui il "ripudiato" Alfonso V d'Aragona, rivendicando i suoi diritti sul trono di Napoli, dalla Sicilia organizzò una spedizione occupando come basi logistiche per le sue future azioni militari Capua e l'isola d'Ischia, dove si trovava la roccaforte o cittadella che dir si voglia del castello che oggi prende nome, appunto, di Castel Aragonese. Da qui Alfonso iniziò una serie di scontri per la presa della città retta dopo la morte di Giovanna II da un consiglio di reggenza cittadino favorevole ai d'Angiò. Alfonso nel 1438 pose assedio alla città che strenuamente resisteva, la qual cosa lo indusse nel 1442, dopo quattro anni di vani tentativi, a trovare un piano alternativo per la sua presa che una "soffiata" gli suggerì: utilizzare il condotto sotterraneo che secoli prima aveva permesso al generale bizantino Belisario di penetrare nella città. Il piano riuscì perfettamente perché le truppe penetrate all'interno delle mura di cinta aprirono le porte al grosso dell'esercito che in poco tempo occupò tutti i presidi della città, compiendo atti di atroce vandalismo contro la popolazione e che i napoletani difficilmente in seguito dimenticarono. A questo punto Roberto d'Angiò, che si era insediato a Napoli nel 1438, prodigandosi con tutte le sue forze per la difesa della città, lasciò definitivamente il regno con l'aiuto di una flotta genovese, raggiungendo in patria la moglie Isabella di Lorena, la quale precedentemente era stata accolta con gran favore dal Consiglio di Reggenza cittadino.

Alfonso V divenne così il primo re aragonese di Napoli e grazie alle sue ingenti finanze si diede subito da fare per la sua ricostruzione, necessaria dopo tanti anni di assedi e sofferenze della popolazione. Risale a questo periodo la ricostruzione di Castel Nuovo con il magnifico arco di trionfo in suo onore e l'allargamento delle mura della vecchia città. Dopo sedici anni di regno abbastanza tranquilli per la città, all'età di 65 anni, nel giugno del 1458 Alfonso moriva lasciando i suoi possedimenti d'Aragona, di Sardegna e di Sicilia al fratello Giovanni e il regno di Napoli al figlio naturale ventisettenne Ferrante, avuto da una relazione con Giraldona Carlino, una delle sue tante donne, assieme a Lucrezia Alagno, quest'ultima considerata da tutti il vero grande amore di Alfonso.

Re Ferrante fu un valente condottiero e un ottimo politico. Durante il suo regno dovette combattere e districarsi tra vari nemici tra cui l'eterna ingerenza del papato, i feudatari a lui ostili e parte della popolazione mai dimentica delle sofferenze patite, la quale lo soprannominò Ferrante il Bastardo. Della sua lotta contro i baroni ribelli resta famoso il trabocchetto da lui orchestrato per far prigionieri gran parte di essi, cosa che avvenne il 13 agosto del 1486 a seguito di un invito alla nobiltà del regno a partecipare alle nozze pacificatrici tra una sua nipote e il conte ribelle di Sarno Francesco Coppola. Riuniti gli invitati in una magnifica sala del castello, che a seguito del "fattaccio" prese il nome di sala dei Baroni (oggi sede del consiglio comunale della città), li fece tutti arrestare e condannare con privazione dei beni.

Dopo alcuni anni di scaramucce interne con gli eredi dei feudatari dissidenti, che tentarono nel 1462 a Calvi anche un attentato contro la sua persona, Ferrante, ormai provato dai tanti eventi tra cui anche la morte della figlia Eleonora, duchessa d'Este, dopo 36 anni di regno moriva il 25 febbraio del 1494 lasciando suo erede il figlio primogenito Alfonso II. Questa investitura non fu però gradita al re di Francia Carlo VIII che, forte del testamento di Giovanna I d'Angiò, dopo quasi un secolo rivendicò di nuovo i diritti di casa angioina sul regno di Napoli approntando un esercito per raggiungere Napoli attraverso i territori papali. Allora Alfonso II d'Aragona, erede di Ferrante, pensò di mandare sue truppe al comando del figlio Ferrandino a sostegno del papa Alessandro VI per evitare l'assedio ai possedimenti papali che Carlo VIII si accingeva ad attuare per raggiungere il regno di Napoli. A questo punto il papa, per non rimanere schiacciato fra due eserciti, dichiarò la sua neutralità permettendo il passaggio dell'esercito di Carlo VIII nelle terre della chiesa, cosa che permise al re di Francia di raggiungere Napoli e occuparla nel 21 febbraio del 1495. Questo evento, che potenzialmente riuniva la corona di Francia con il regno di Napoli, non fu tollerato poi a cose fatte dal papato, da Venezia, dall'imperatore Massimiliano d'Austria e dai sovrani di Spagna, Ferdinando il cattolico e Isabella di Castiglia, che formarono una lega contro Carlo VIII che, vista la mal parata si affrettò a far ritorno in Francia, permettendo a Ferrandino di ritornare ad occupare Napoli. Ma come spesso accadeva a quei tempi, la vita era molto più breve di oggi (specialmente quella dei re), per cui dopo poco aver conquistato Napoli, a 30 anni, anche Ferrandino lasciò questa terra. Gli successe sul trono suo zio Federico d'Aragona, valoroso principe amato dal popolo. Purtroppo però per lui, gli eventi politici sulla scena d'Italia e d'Europa mutarono rapidamente tanto da far stringere un patto segreto tra la Spagna e la Francia per la spartizione del regno di Napoli e della Sicilia. Gli accordi tra le due potenze, sottoscritti l'11 novembre del 1500 e ratificati da papa Alessandro VI, padre di Cesare Borgia, prevedevano l'occupazione da parte francese dei territori che da Napoli si estendevano agli Abruzzi, e da parte spagnola dell'Italia meridionale con capitale Napoli.

Federico, venuto a saper troppo tardi del tradimento della Spagna con cui ruppe ogni rapporto, non ebbe alternativa che rivolgersi al re di Francia Luigi XII, successo a Carlo VIII, che in nome di una vecchia amicizia lo accolse in Francia, avendo in cambio le chiavi della città di Napoli. Federico, ritiratosi con chi volle seguirlo in alcune terre francesi dei d'Angiò, morì a 52 anni.

Ora però, come sempre avviene quando in un pollaio si beccano due galli, ben presto lo scellerato accordo tra la Francia e la Spagna naufragò, per cui nel 1502 ebbero inizio le ostilità tra le due potenze per il dominio dell'Italia meridionale. A questo tempo risale la famosa sfida di Barletta, che vide alcuni cavalieri italiani al soldo degli spagnoli essere accusati di vigliaccheria dai francesi. L'onta fu lavata il 19 gennaio del 1503 con una disfida tra tredici cavalieri di varie località italiane tra cui Ettore Fieramosca di Capua, con tredici cavalieri di altrettante regioni di Francia. Lo scontro finì tredici a zero per gli italiani.

Il 21 aprile dello stesso anno della disfida il comandante delle truppe spagnole Consalvo di Cordoba, riuscì a spezzare l'assedio di Barletta portato dai francesi e li sbaragliò nella battaglia di Cerignola, aprendosi così senza più ostacoli sul suo cammino la via per la conquista di Napoli.

La Dominazione Spagnola

Iniziò così la dominazione del regno di Napoli da parte della corona di Spagna, che vide per due secoli la città retta dai suoi luogotenenti (i viceré), inviati dai vari sovrani che si alternarono nel regno di Spagna. Di questa lunga dominazione molto si è detto e si è scritto, resta indubbiamente il fatto che con l'arrivo delle soldataglie spagnole nel regno, il costume antico del popolo napoletano che non conosceva la menzogna e l'ostentazione cerimoniale della forma così cara alla mentalità spagnola (non a caso il barocco ne fu la scenografia distintiva), cambiò in fretta, profondamente assimilando dai nuovi arrivati quei pregi e difetti che, ancora oggi, caratterizzano come vecchio retaggio la città di Napoli e la sua gente. Durante la reggenza vicereale spagnola, che va dal 1503 al 1707, la città venne considerata essenzialmente una "colonia" da spremere, tant'è che in circa due secoli Napoli vide la presenza fugace in città solo di re Carlo V a testimonianza della scarsa considerazione e attaccamento dei reali spagnoli al regno di Napoli. Nei secoli di dominazione spagnola, tra i tanti avvenimenti sono qui da segnalare per sintesi quattro significativi eventi storici:

La mancata introduzione nel 1510 e nel 1547 nel regno del famigerato tribunale d'Inquisizione di matrice domenicana spagnola.

La vittoria delle armi cristiane contro i turchi nella battaglia navale di Lepanto nel 1571.

La rivolta del popolo capeggiata da Masaniello nel 1647 contro l'esoso regime fiscale (le gabelle) imposto sui generi di prima necessità.

La peste del 1656 che decimò gran parte della popolazione, i cui cadaveri trovarono sepoltura negli ossari a vista delle caverne di Napoli (famosi quelli delle *fontanelle* e di *San Gaudioso* nel vallone della sanità). Nel momento massimo dell'epidemia si contarono addirittura 4000 decessi al giorno. La peste durò circa sei mesi, alla fine dei quali su una popolazione di 350 mila abitanti ne restarono appena centomila.

Di tutti i viceré che si sono succeduti nella reggenza di Napoli, un posto di riguardo spetta a Don Pedro de Toledo (sepolto nella chiesa di San Giacomo degli spagnoli in piazza Municipio) che i napoletani ricordano non tanto per le sue gesta quanto per aver ordinato la costruzione della strada che in modo rettilineo congiunge la parte alta della città (da piazza Dante a piazza S.Ferdinando) con quella bassa di piazza Plebiscito dove un altro viceré, Fernando Ruiz de Castro, fece iniziare la costruzione di Palazzo Reale. Con l'ultimo viceré Giovanni, Fernandez Pacheco de Acuna, marchese di Villena e duca Escalona (formidabile biglietto da visita di ostentazione nobiliare spagnola) finì la dominazione spagnola su Napoli alla quale subentrò quella austriaca durata 27 anni.

Gli Austriaci

Gli austriaci arrivarono ad occupare Napoli a seguito della guerra di successione scoppiata in Spagna dopo la morte di Carlo II. In questa lotta, che vide coinvolti molti stati europei e di conseguenza quelli italiani interessati alla successione, tra cui il regno di Napoli ancora sotto giogo spagnolo, si inserì Giuseppe I d'Asburgo che, forte delle volontà testamentali di Filippo V di Spagna a suo favore, mosse alla conquista di Napoli. Qui, a seguito della scarsa resistenza della città dovuta essenzialmente al desiderio della popolazione di non aver più viceré ma finalmente un "Re tutto suo" che facesse gli interessi di Napoli, gli austriaci trovarono accoglienza favorevole, tanto che la loro marcia fu quasi un viaggio di piacere. Fu così che il 7 luglio del 1702, dopo duecento anni finiva la dominazione spagnola della città, che tanto aveva segnato l'anima e i costumi dei napoletani. La speranza di un re stabile in città, presto però svanì, perché anche l'Austria impegnata nei teatri di guerra settentrionali d'Italia, inviò per la reggenza di Napoli suoi luogotenenti che ben presto furono invisi al popolo e alla nobiltà del regno.

I Borbone

La fine della guerra di successione spagnola, durata 13 anni, che aveva visto impegnati con varie alleanze gli stati europei, si concluse con il trattato di Utrecht del 1713 che prevedeva:

Il riconoscimento a Filippo V del titolo di re di Spagna.

All'Austria gli ex possedimenti spagnoli in Italia e nei Paesi Bassi.

All'Inghilterra Minorca e Gibilterra.

Ad Amedeo II di Savoia la Sicilia col titolo di re.

Ora però, siccome i trattati in politica lasciano il tempo che trovano, anche quello di Utrecht ebbe vita breve. Infatti la Spagna, con il nuovo sovrano e la seconda moglie di questi Elisabetta Farnese che gli aveva dato un figlio a cui fu dato il nome di Carlo III, non si era rassegnata alla perdita dei suoi possedimenti in Italia per cui, nel 1717, con un colpo di mano, occupò la Sardegna tentando l'anno successivo l'invasione anche della Sicilia. Chiaramente la cosa non fu gradita alla Francia, all'Inghilterra e all'Austria che subito firmarono una nuova alleanza per stroncare sul nascere le velleità dei nuovi sovrani di Spagna.

Si giunse così ad un nuovo trattato in base al quale: la Sicilia, data precedentemente ad Amedeo di Savoia, venne scambiata con la Sardegna di modo da ripristinare nuovamente il regno di Napoli e di Sicilia e alla Spagna il ducato di Parma e Piacenza da assegnare al figlio di Elisabetta Farnese, Carlo III, che per parte materna ne vantava il diritto. Correva l'anno 1731.

Nel 1734, a seguito di una nuova guerra di successione per il regno di

Polonia, si formarono sulla scacchiera d'Europa nuove alleanze che questa volta videro coalizzate la Francia e la Spagna contro l'Austria (che come abbiamo visto occupava tramite i suoi delegati il regno di Napoli). L'alleanza franco-ispana, con il grosso dell'esercito austriaco impegnato in Nord Italia e in Europa favorì la riconquista del regno di Napoli da parte di Carlo di Borbone che, come già accaduto a Napoli in altre circostanze storiche, non incontrò resistenza nell'occupare la città nel 1734, tenuto conto che essendo giunta la notizia dalla Spagna che il padre (Filippo V) gli assegnava a tutti gli effetti la sovranità del regno, il popolo e le autorità cittadine furono ben liete di accoglierlo come nuovo vero re di Napoli.

Iniziava così il regno borbonico di Napoli e Sicilia, che pur tra luci e ombre costituì finalmente un regno indipendente che ebbe a cuore le sorti della città e del meridione d'Italia. Infatti durante il periodo borbonico furono risanate molte ferite della città e promosse svariate iniziative a suo favore che andarono dal risanamento e abbellimento urbanistico della città allo sviluppo tecnologico delle nascenti industrie del meridione accompagnato da una promozione culturale di immagine che in breve rese Napoli una delle più belle città europee del tempo.

Carlo, incoronato solennemente a Palermo il 3 luglio del 1735, si assise sul trono di Napoli con il titolo di Carlo I re del regno di Napoli e di Sicilia. Sedati alcuni rigurgiti di invasione austriaca terminati con la pace di Aquisgrana del 1748, nel 1759 Carlo venne richiamato in Spagna per sedersi sul trono di quella nazione in seguito alla prematura morte del fratellastro Ferdinando VI succeduto a Filippo V. Per tale ragione, il 6 ottobre dello stesso anno, dovette a malincuore lasciare Napoli (che nei 24 anni del suo regno aveva sentito veramente sua) e tornare in Spagna, dove regnò con il nome di Carlo III, lasciando il regno di Napoli al figlio terzogenito Ferdinando IV, che all'epoca aveva appena nove anni. La reggenza fu affidata all'abile ministro Tanucci fino all'uscita di tutela di Ferdinando avvenuta a sedici anni, che un anno dopo sposò Maria Carolina d'Austria, sorella di Maria Antonietta moglie di Luigi XVI re di Francia, ghigliottinati nel 1793 durante la rivoluzione francese. Il regno di Ferdinando durò 66 anni (dal 1759 al 1825) durante i quali il sovrano e la regina dovettero abbandonare Napoli per ben due volte rifugiandosi a Palermo. La prima volta a seguito dell'instaurazione della repubblica partenopea del 1799 durata pochi mesi e la seconda volta per dieci anni a seguito della presa di Napoli da parte delle truppe francesi di Napoleone Bonaparte il quale nominò prima suo fratello Giuseppe e poi suo cognato Gioacchino Murat nuovo re di Napoli.

Il Decennio Francese

Dopo la rivoluzione francese, a cui seguì a Napoli quella non riuscita della Repubblica Partenopea del 1799, l'ascesa del generale francese Napoleone Bonaparte fu inarrestabile, tanto da conquistare dopo la campagna d'Italia mezza Europa con il titolo di Imperatore. Napoleone, nel 1805, a seguito della vittoria ottenuta ad Austerliz contro una coalizione (la terza) di stati europei alla quale avevano aderito anche i Borbone, dovendo mettere suoi uomini alla testa delle nazioni assoggettate, nel 1806 nominò suo fratello Giuseppe Re del Regno di Napoli, salvo poi richiamarlo, dopo due anni per porlo sul trono di Spagna da lui conquistato.

Giuseppe Bonaparte fu sostituito nel 1808 sul regno di Napoli dal cognato di Napoleone, Gioacchino Murat, che aveva sposato Carolina Bonaparte, sorella dell'imperatore. Il decennio francese a Napoli si caratterizzò per un forte rinnovamento giuridico-amministrativo del regno, applicando nella gestione della cosa pubblica le leggi del codice napoleonico che tanti buoni risultati aveva fruttato in alcune nazioni già conquistate. Gioacchino, a differenza di Giuseppe, capiva e sentiva che l'occasione avuta poteva essere quella propizia per una sua personale ascesa, per cui fin quando la sorte arrise a Napoleone lo sostenne lealmente in tutte le sue battaglie. Quando si rese conto però che il vento stava cambiando a favore degli stati che si erano coalizzati contro Napoleone, per salvare il "suo regno" cercò invano alleanze con il nemico. Terminata la stella napoleonica, Gioacchino rimasto solo con pochi mezzi e uomini, dette ancora prova del suo ardimento cercando di opporsi dopo il congresso di Vienna, che aveva decretato il ritorno di Ferdinando IV sul regno di Napoli, alle nuove disposizioni delle nazioni vincitrici.

Infatti, rifiutando orgogliosamente l'offerta di asilo fattagli dall'Imperatore d'Austria, con sei barche e trecento uomini, ad ottobre del 1815 partì dalla Corsica dove si era rifugiato tentando uno sbarco insurrezionale a Pizzo calabro. Ma per avverse condizioni la flottiglia si disperse durante la navigazione. Rimasto solo con la sua barca e circa trenta uomini, volle testardamente comunque tentare l'impresa. Sbarcato l'8 ottobre a Pizzo, invece di trovare aiuto e sostegno fu subito inseguito e circondato dagli abitanti del posto che lo consegnarono alle autorità militari, le quali dopo un breve processo lo accusarono di sovvertimento d'ordine pubblico mandandolo, su sopraggiunti ordini superiori, di fronte ad un plotone d'esecuzione che con orgoglio volle lui stesso comandare per la sua fucilazione.

Il Ritorno di Ferdinando IV di Borbone

A seguito di quanto stabilito dal congresso di Vienna nel 1815, Ferdinando IV nel giugno del 1817 lasciò Palermo, ove si era rifugiato per dieci anni, e fece ritorno a Napoli assumendo successivamente il titolo di Ferdinando I Re del regno delle Due Sicilie, cosa che stava a significare che l'isola perdeva la sua autonomia venendo associata a tutti gli effetti alla giurisdizione del regno di Napoli che già comprendeva tutte le regioni meridionali.

Ripreso il possesso della città, il re dovette fronteggiare le pressanti richieste della popolazione che, sobillata dai capi dei moti insurrezionali che attraversano tutta l'Italia e l'Europa, chiedeva libertà costituzionali, cosa che costrinse Ferdinando I il 6 luglio del 1820 a concedere la costituzione sul modello di quanto già era avvenuto in marzo in Spagna. Questo fatto allarmò le potenze assolutistiche che avevano ratificato gli accordi del congresso di Vienna, per cui fu indetto un nuovo congresso a Lubiana nel 1821, invitando Ferdinando I a dare spiegazioni del suo comportamento "liberale".

Lasciato come reggente in sua assenza il figlio Francesco a Napoli, si recò a Lubiana dove per giustificarsi disse che era stato costretto sotto pressione popolare alla concessione, ma che forte dell'appoggio delle grandi potenze era pronto a ritirarla. Ed infatti così avvenne, per cui, scortato da alcuni battaglioni dell'esercito austriaco fece ritorno a Napoli abolendo il Parlamento e i privilegi costituzionali precedentemente concessi. Il 4 gennaio del 1825 Ferdinando I, soprannominato dal popolo *re nasone* per la grandezza pronunciata del suo naso, dopo sessantacinque anni di regno moriva per apoplessia all'età di 74 anni.

A Ferdinando I successe sul Regno delle Due Sicilie il figlio Francesco I, il quale essenzialmente si diede al riordino del disastrato esercito napoletano e all'ammodernamento dell'agricoltura e dell'industria del regno. Morì a 53 anni.

A Francesco I successe il figlio Ferdinando II, nato a Palermo il 12 gennaio del 1810. Questo re continuò l'opera intrapresa dal padre, sapendo bene che solo un esercito ben equipaggiato ed organizzato fedele al regno poteva difenderlo dalle continue ingerenze esterne e dai complotti interni che i sostenitori liberali continuavano a tessere. Tuttavia, nei primi anni del regno si dimostrò alquanto benevolo con i suoi avversari politici concedendo loro l'amnistia, il che faceva ben sperare in un accordo tra la monarchia e coloro che rivendicavano nuovamente la costituzione. Sposatosi con Maria Cristina di Savoia, nel mese di gennaio del 1836 ebbe un figlio a cui fu dato il nome di Francesco (II). Nello stesso mese per complicazioni post parto la moglie moriva. Dopo un anno dal decesso di Maria Cristina di Savoia, il re si risposò con Maria Teresa d'Asburgo riavvicinandosi così all'impero austriaco, che tuttavia non potette aiutarlo quando sotto l'incalzare degli eventi dovuti ai moti del 1848 in Italia dovette riconcedere nel mese di febbraio dello stesso anno la costituzione.

A seguito di tumultuosi tafferugli e barricate verificatisi a Napoli all'atto della prima elezione del nuovo parlamento, l'esercito dovette intervenire con la forza per sedare i tumulti, cosa che si ripeté dopo un mese alla fine di nuove elezioni (quelle precedenti erano state annullate per brogli...) indette per rinnovare i membri del parlamento. A questo punto, non potendo più permettere una mancanza di governo alla città, Ferdinando II, cogliendo al balzo l'occasione delle diatribe interne al parlamento dei nuovi eletti, sciolse le camere e pur non abolendo di fatto la costituzione revocò a sé la gestione del regno. A questo punto calza a pennello a monito delle nuove democrazie, una citazione del napoletano Francesco De Sanctis che dice: *"Libertà senza limiti e senza freni, è una semplice e sterile fermentazione: è il caos"*.

Con la presa di posizione di Ferdinando i reazionari liberali capirono che non potevano più accordare fiducia ad un re che non aveva esitato per ben due volte ad intervenire con l'esercito per sedare le controversie verificatesi in seno al parlamento, per cui si diedero nuovamente da fare per abbattere la monarchia. A riguardo, è da segnalare prima un attentato al re nel 1856 durante una parata militare e poi la spedizione a Sapri di Carlo Pisacane finita tragicamente con l'impiccagione del rivoltoso. *Eran trecento, eran giovani e forti e sono morti...*

Non più sicuro a Napoli, Ferdinando si trasferì con la famiglia nella reggia di Caserta che lasciò nel gennaio del 1859 per recarsi in Puglia ad accogliere l'arciduchessa Maria Sofia figlia di Massimiliano di Baviera sposata per procura dal figlio erede al trono Francesco II. Nel viaggio di ritorno re Ferdinando venne colto da sofferenze corporali atroci dovute ad un infezione del sangue tale che il 22 maggio del 1859, dopo 29 anni di regno, lo portò a 49 anni alla morte.

A Ferdinando II successe il figlio Francesco (II) detto dal popolo *Francischiello* per il suo mite carattere timorato di Dio al quale il furbastro Cavour (ministro di Vittorio Emanuele II di Savoia) offrì la possibilità di allearsi con il regno sabaudo per liberare l'Italia dall'Austria. Ma per un destino avverso della storia, l'offerta venne rifiutata da Francesco II in nome del rispetto testamentale del padre che gli aveva raccomandato di rimanere neutrale nella disputa tra casa Savoia e l'Impero austro-ungarico. Diversamente l'unità d'Italia sarebbe stata possibile?

Non è dato sapere, ma il dubbio rimane.

Avvenne così che il generalissimo Garibaldi, contro ogni aspettativa, con mille camicie rosse, sbarcato in Sicilia l'11 maggio del 1860, dopo una breve resistenza dell'esercito borbonico a Calatafimi, senza essere adeguatamente contrastato nel corso del suo avvicinamento a Napoli, conquistasse un regno che per il "mancato impegno" dell'esercito borbonico, fu regalato su un piatto d'argento ai Savoia.

I Savoia

Vittorio Emanuele II, la cui statua con la spada sguainata da condottiero… fa bella mostra nell'ultima nicchia di destra della facciata di Palazzo Reale ricevette il "regalo" del Regno delle Due Sicilie a Teano il 26 ottobre 1860 dalle mani dello stesso Garibaldi che dopo aver vinto l'ultima battaglia sul Volturno contro l'esercito borbonico indisse il plebiscito che il 21 ottobre del 1860 sancì l'annessione del regno di Napoli allo stato sabaudo.

A Vittorio Emanuele II successe il figlio Umberto I di cui la galleria in via Toledo a Napoli prende nome. A quest'ultimo seguì Vittorio Emanuele III che visse il ventennio fascista e la tragedia della seconda guerra mondiale, durante la quale Napoli, nel settembre del 1943, per quattro giornate fu la prima città in Europa ad insorgere e liberarsi spontaneamente con le sole forze del popolo e dei suoi figli scugnizzi dall'occupazione nazi-fascista.

Come già ricordato, per i suoi meriti di coraggio e sacrificio la città venne insignita di medaglia d'oro al valor civile.

Dopo l'abdicazione di Vittorio Emanuele III a favore del figlio Umberto II di Savoia, nel 1946 a seguito del risultato del plebiscito del 2 giugno (12.717.923 voti a favore della repubblica contro 10.719.284 voti per la monarchia) finiva con l'esilio in Portogallo di Umberto di Savoia e della sua famiglia l'era delle dinastie regali ed iniziava quella della Repubblica Italiana, la cui cronaca essendo ancora in itinere si lascia in eredità a qualche altro futuro "disincantato pazzariello" per il seguito del racconto.

MUSEI DI NAPOLI

Museo di anatomia umana

Museo di anatomia veterinaria

Museo di antropologia

Museo archeologico nazionale

Museo D'Aragona Pignatelli Cortes. Museo delle Carrozze

Museo d'Arte della Fondazione Pagliara

Museo artistico industriale F. Palizzi

Museo dell'attore napoletano

Museo e gallerie nazionali di Capodimonte

Museo della Cappella di Sansevero

Museo civico di Castel Nuovo

Museo civico di Gaetano Filangieri

Museo di etnopreistoria

Museo di fisica

Museo di mineralogia

Museo nazionale della Certosa di San Martino

Museo nazionale della ceramica "Duca di Martina"

Museo nazionale ferroviario di Pietrarsa

Museo dell'opera e complesso monumentale di Santa Chiara

Museo dell'Osservatorio astronomico di Capodimonte

Museo di palazzo Reale

Museo di paleobotanica ed etnobotanica dell'orto botanico

Museo di paleontologia

Museo storico musicale

Museo del tesoro di S. Gennaro

Museo di Zoologia

Pinacoteca del Pio Monte della misericordia

Quadreria e complesso religioso dei Girolamini

Stazione Zoologica – acquario e sala degli Affreschi *von Marées*

Museo Duca Martina

PAN – Palazzo delle Arti di Napoli
MADRE – Museo arte contemporanea Donna Regina
Città della Scienza

PERSONAGGI ILLUSTRI

Elenco di significativi personaggi ed artisti che hanno operato in città nel corso dei secoli arricchendo con le loro opere chiese, castelli, palazzi, musei, biblioteche e teatri della città

Le citazioni degli artisti negli elenchi a seguire si fermano al XIX secolo perché i percorsi scelti si sviluppano lungo strade antiche, antecedenti tale periodo, ove spesso la toponomastica cittadina ricorda alcuni dei personaggi citati.

PITTORI, SCULTORI, ARCHITETTI

Barisano da Trani	Scultore	Metà XI secolo
Pietro Cavallini	Pittore	1240-1330
Simone Martini	Pittore	1284-1344
Tino da Camaino	Scultore	1280-1337
Antonio Baboccio da Piperno	Scultore	1351-1435
Roberto	Pittore	1335-

Doderiso		1382
Colantonio	Pittore	1420-1470
Guglielmo Sagrera	Architetto	1416-1451
Francesco Laurana	Scultore	1430-1502
Giovanni da Nola	Scultore	1478-1559
Andrea Sabatini da Salerno	Pittore	1487-1530
Vincenzo De Rogata	Pittore	1500
Girolamo Santacroce	Architetto e scultore	1502-1537
Domenico Fontana	Architetto	1543-1607
Scipione Pulzone	Pittore	1550-1598
Giovan Battista Caracciolo	Pittore	1578-1635

(Battistello)		
Giovanni Lanfranco	Pittore	1582-1647
Massimo Stanzione	Pittore	1586-1656
Giuseppe Ribera (spagnoletto)	Pittore	1591-1652
Cosimo Fanzago	Architetto e scultore	1591-1678
Michelangelo da Caravaggio	Pittore	1571-1610
Francesco Guarino	Pittore	1611-1651
Mattia Preti	Pittore	1613-1699
Salvator Rosa	Pittore	1615-1673
Bernardo Cavallino	Pittore	1616-1656

Giovan Battista Ruoppolo	Pittore	1629-1693
Scipione Compagno	Pittore	1624-1680
Angelo Solimena	Pittore	1630-1716
Luca Giordano	Pittore	1634-1705
Giuseppe Recco	Pittore	1634-1695
Francesco Solimena	Pittore	1657-1747
Paolo Porpora	Pittore	1617-1673
Ferdinando San Felice	Architetto	1675-1748
Domenico Antonio Vaccaro	Pittore scultore e architetto	1678-1745
Francesco De Mura	Pittore	1696-1782

Luigi Vanvitelli	Architetto	1700-1773
Ferdinando Fuga	Architetto	1699-1781
Corrado Giaquinto	Pittore	1703-1765
Giovanni Antonio Medrano	Architetto	1703-1760
Giuseppe Sammartino	Scultore	1720-1793
Carlo Vanvitelli	Architetto	1739-1821
Gasparre Traversi	Pittore	1722-1770
Antonio Smink Van Pitloo	Pittore	1790-1837
Jakob Philipp Hackert	Pittore	1737-1808
Giacinto Gigante	Pittore	1806-1876

Filippo Palizzi	Pittore	1818-1899
Domenico Morelli	Pittore e politico	1826-1901
Vincenzo Gemito	Scultore	1852-1929
Antonio Mancini	Pittore	1852-1930

LETTERATI E FILOSOFI

S.Tommaso d'Aquino	Teologo	1225
		-
	e filosofo	1274
Giovanni Boccaccio	Poeta	1313
		-
	e scrittore	1375
Giovanni Pontano	Poeta	1426
		-
	e umanista	1503
Jacopo Sannazzaro	Poeta	1458
		-
	e umanista	1530
Giordano Bruno	Scrittore	1548
		-
	e filosofo	1600
		1569
Gian Battista Marino	Poeta	-
		1625
Pietro Giannone	Storico	1676
		-
	e scrittore	1748
Giovan Battista Vico	Filosofo	1668
		-

		1744
Gaetano Filangieri	Filosofo	1753
		-
	e giuridico	1788
Francesco	Scrittore	1817
	critico	-
De Sanctis		1883
	e storico	
		1770
Vincenzo Cuoco	Scrittore	-
		1823
	Poeta	1798
Giacomo Leopardi		-
	e Scrittore	1837
		1813
Luigi Settembrini	Scrittore	-
		1877
	Cartografo	1815
Bartolomeo Capasso		-
	e storico	1900
Salvatore	Poeta	1860
		-
Di Giacomo	e Scrittore	1934
		1856
Matilde Serao	Scrittrice	-
		1927

Benedetto Croce   Filosofo   1866
-
1952

COMPOSITORI DI MUSICA CLASSICA

ED OPERISTICA

Alessandro Scarlatti	1660-1725
Pietro Metastasio	1698-1782
Giovan Battista Pergolesi	1710-1736
Domenico Cimarosa	1749-1801
Giovan Battista Niccolini	1782-1861
Gioacchino Rossini	1792-1868
Vincenzo Bellini	1801-1835

RINGRAZIAMENTI

Ringrazio le mie figlie, Carla e Maria, la Signora Rosanna Messina per la preziosa collaborazione ricevuta nella stesura informatica della pubblicazione, la Dott. Rita Colognola per la rilettura critica dei testi e i molti prestigiosi autori antichi e moderni che hanno scritto di Napoli permettendomi di conoscerla e amarla.

Raffaele De Maio

PROFILO DELL'AUTORE

Raffaele De Maio, nativo di Sant'Agata sui due Golfi, nella penisola sorrentina, appassionato cultore delle proprie radici partenopee e pittore autodidatta, ha esercitato per lunghi anni la funzione di coordinatore presso l'ufficio tecnico della Stazione Zoologica Anton Dohrn in villa Comunale a Napoli.

Oggi, in età da pensionato, riprende con lena le sue antiche passioni, scrivendo saltuariamente per alcuni giornali dell'isola d'Ischia, ove attualmente risiede e dipingendo di tanto in tanto di Napoli e dintorni.

Questa sua prima passeggiata con voce narrante da Pazzariello napoletano lungo alcune strade di Napoli, è il commento di un incubato, riflessivo amore sulla storia e l'attualità della sua città.

§§§

L'autore sarà grato a chiunque voglia contribuire al perfezionamento dell'opera con eventuali suggerimenti, scrivendo all'indirizzo di posta elettronica rafdemaioforio@gmail.com